IMPRESSUM

Grafik: A + C

Texte und Fotografie: Christina Loucas
www.afroditeskitchen.com

Erstveröffentlichung in italienischer Sprache 2017 bei Nomos Edizioni
Titel des italienischen Originals: „La cucina di Afrodite. Ricette e sapori di Cipro"

Übersetzung: Helmut Ertl

Kaiserstraße 14b
D-80801 München

ISBN 978-3-89883-638-8
1. Auflage 2017

Die ZS Verlag GmbH ist ein Unternehmen der Edel AG, Hamburg.
www.zsverlag.de | www.facebook.com/zsverlag

CHRISTINA LOUCAS

APHRODITES KÜCHE

Der Geschmack von Sommer und Zypern

INHALT

Als Kind reiste ich jeden Sommer mit meiner Mutter und meiner Schwester nach Zypern. Wir stiegen in Vancouver Island ins Flugzeug, flogen um die halbe Welt und landeten auf einer Insel im äußersten Osten des Mittelmeers. Mitten in der Nacht kamen wir an und wenn sich die Flugzeugtüren öffneten, schlug uns ein feuchtwarmer salziger Wind entgegen. Irgendwann auf der Weiterreise stiegen wir in ein Sammeltaxi, gewöhnlich einen überfüllten alten Mercedes, das mit völlig überhöhter Geschwindigkeit über eine windige Bergstraße jagte, bis wir schließlich in Amargeti ankamen, einem Dorf in den Bergen, in dem meine Großmutter lebte.
Amargeti ist ein typisch zyprisches Bergdorf. Kaktusfeigen säumen die Straße, Weinranken wiegen sich im Wind; damals baumelte der selbst gemachte Halloumi meiner Großmutter an der Hausecke, alte Flaschen mit Zitronenwasser reihten sich im Kühlschrank aneinander und warteten auf Besucher und die Oliven- und Zitronenbäume trugen schwer an ihren Früchten, wie schon seit Jahrhunderten.

Mit den Jahren wurden die Familienreisen nach Zypern seltener und schließlich brachte sie der Stress meiner Arbeit als Anwältin für internationale Schiedsverfahren in London fast völlig zum Erliegen. Schaffte ich es dennoch mal auf die Insel, wurden die hausgemachten Speisen, die ich aus meiner Kindheit kannte, zunehmend seltener. Kein selbst gemachter Halloumi meiner Oma mehr, sie war zu alt dafür, auch das Orangenblütenwasser meiner Großtante gab es nicht mehr, sie war gestorben. Die ältere Generation nahm das Wissen über diese traditionellen Spezialitäten buchstäblich mit ins Grab. Und wenn ich darüber in einem Kochbuch nachlesen wollte, fand ich keines, das mir die Dinge verständlich erklären konnte. Mir war klar, wenn ich die Familienrezepte vor dem Aussterben bewahren wollte, musste ich mich selbst darum kümmern.

Schnitt. Februar 2011. Ein verschneiter Montagabend in London. Ich war noch bei der Arbeit und hatte ein Taxi bestellt wegen des Schnees. Es brauchte Stunden. Ich schlief unter meinem Schreibtisch in der Anwaltskammer im *Gray's Inn* ein. Debbie, meine Sekretärin, weckte mich, als es endlich kam. Auf der Fahrt nach Hause begann ich, Pläne zu schmieden, wie ich meinem Job entfliehen könnte. Obwohl ich für einen hervorragenden Mentor an einem der weltweit interessantesten Schiedsgerichtsfälle arbeitete, konnte ich eine Atempause vertragen. Ich stellte mir vor, nach Zypern zu gehen und ein Kochbuch zu schreiben, um all die schon halb vergessenen Rezepte zu bewahren. Nicht, dass ich ernsthaft glaubte, ich würde es auch tun. Sechs Monate später flog ich nach Zypern, eine kurze beherzte Unterbrechung meiner Karriere, wie ich dachte. Viele waren schockiert. Ich würde meine Laufbahn als Juristin, meinen Abschluss in Oxford „wegwerfen", hieß es. Die Kommentare machten mir ein schlechtes Gefühl. Doch trotz der negativen Resonanz: Meine Familie unterstützte das Vorhaben und so ging es auf nach Zypern. Statt mich aber voll und ganz in die Arbeit an meinem Kochbuch zu stürzen, geriet ich ins Wanken und beschloss, zur Juristerei zurückzukehren und das Kochbuch quasi „nebenbei" zu schreiben. Kaum überraschend, dass ich am Ende mehr mit meinem Job für eine – wenn auch hervorragende – zyprische Anwaltskanzlei beschäftigt war als mit dem Buch; ich fühlte mich

KX
809

zunehmend erschöpft. Am besten, ich legte ein Sabbatjahr ein, um Energie zu tanken und vielleicht doch endlich an dem Buch zu schreiben. Gesagt, getan – einmal mehr –, doch bevor es überhaupt dazu kam, geschah etwas Unerwartetes. Der eigentliche Grund für meine Müdigkeit war, dass ich krank war. Ein Jahr nachdem ich nach Zypern aufgebrochen war, fand ich mich nach einer Schilddrüsenoperation mit ernsthaften Komplikationen auf der Intensivstation des London Bridge Hospital wieder. Ich war umringt von fürsorglichen Pflegekräften und meiner Familie, doch ich fühlte mich elend. Meine Karriere war ruiniert, meine Beziehung nach sieben Jahren in die Brüche gegangen, ich hatte keine Schilddrüse mehr, meine Stimme verloren und die Strahlenbehandlung stand mir noch bevor. Die folgenden beiden Monate verbrachte ich bei meiner Tante auf Zypern, schaute mit Athos, meinem Nachbarsfreund aus Kindertagen, Abend für Abend Columbo-Wiederholungen und wartete darauf, dass meine Stimme zurückkehrte und ich körperlich und mental wieder zu Kräften käme. Nach dieser Erfahrung hatte ich nichts mehr zu verlieren, ich sah das Leben mit anderen Augen. Ich begann, all meine Energie in meinen Blog zu stecken, nahm Unterricht in Fotografie, schlicht weil es mich interessierte. Ich folgte kompromisslos meinen Vorlieben, lebte ohne Schuldgefühle oder Angst. Ich genoss das Leben. So nahmen mein Blog, meine Laufbahn als Food-Fotografin und dieses Buch ihren Anfang. Sie sind der Silberstreif an meinem Horizont.

Die Küche Zyperns

Dies ist ein Zypern-Kochbuch. Ich möchte darin das Wesen der traditionellen Esskultur des Landes in einer Weise einfangen, die sie auch für die moderne internationale Küche zugänglich macht. Ich möchte althergebrachte Rezepte, die mir ans Herz gewachsen sind, so erhalten, dass sie für jeden einfach nachvollziehbar sind, egal ob Neuling oder bereits vertraut mit der Landesküche. Es sind auch einige moderne Rezepte dabei, die, wie ich glaube, die für Zypern charakteristischen traditionellen Zutaten und Aromen besonders zur Geltung bringen. Das Buch entstand aus derselben Motivation heraus, mit der ich meinen Blog begann – in dem Wunsch, jenen einen Blick in diese kleine, aber unverwechselbare kulinarische Welt zu gewähren, die nicht auf Zypern leben, und jene, die seine Esskultur ein Leben lang genießen durften, durch erinnerungsträchtige Bilder und Geschichten zu ermuntern, die Traditionen zu erhalten. Denn viele Rezepte, so fürchte ich, werden mit der älteren Generation in Vergessenheit geraten.

Zypern liegt im südöstlichen Mittelmeer, seine nächsten Nachbarn sind der Libanon, Israel, Syrien, Ägypten, die Türkei und Griechenland. Die Insel blickt auf eine wechselvolle Geschichte zurück und stand über Jahrhunderte unter dem Einfluss verschiedenster Kulturen, darunter Griechen, Römer, Osmanen und Venezianer. Sie alle haben in der Küche Zyperns ihre Spuren hinterlassen. Man neigt gelegentlich dazu, die zyprische mit der griechischen Küche zu vergleichen, doch bei aller Ähnlichkeit gibt es auch landestypische, nur auf Zypern zu findende Techniken und Rezepte. Zypern hat eine ebenso einfache wie faszinierende ostmediterrane Küche, in der sich die Produkte und Aromen des Mittelmeers mit denen des Vorderen Orients mischen.
Die traditionelle Landesküche ist im Grunde denk-

bar einfach und bodenständig. Wie viele Familien kamen meine Großeltern aus kleinen Dörfern in den Bergen, die Eltern meiner Mutter aus Amargeti (nahe Paphos), die meines Vaters aus Lapithos (nahe Kyrenia). Sie waren Bauern und lebten von dem Gemüse und Obst, das sie anbauten oder sammelten, und davon gab es reichlich: Weintrauben, Oliven, Johannisbrot, Feigen, Orangen, Mandarinen, Bitterorangen, Zitronen, Bergamotten, Aprikosen, Pflaumen, Pfirsiche, Pomelos, Grapefruits, Wasser- und Cantaloupemelonen, Kumquats, Kaktusfeigen, Mispeln, Mandeln, Walnüsse und vieles mehr. Olivenöl, Oliven und Rotweinessig standen immer auf dem Küchentisch. Orangen- und Rosenblütenwasser fanden sich im Schrank. Regelmäßig wurde Käse wie Halloumi und Anari hergestellt. Alles hausgemacht. Die Mahlzeiten bestanden gewöhnlich aus Hülsenfrüchten, die schlicht mit Olivenöl und einem großzügigen Spritzer Zitrone beträufelt und mit Brot und eingelegten Oliven serviert wurden. In den Bergdörfern aß man kaum Fisch, da er schwer zu bekommen war. Nach den Erzählungen meiner Familie zu urteilen, war es kein einfaches Leben.
Die meisten zyprischen Gerichte sind nicht besonders scharf oder pikant gewürzt, obwohl man viele Kräuter verwendet, darunter wilder Oregano, Rosmarin, Minze, Petersilie, Basilikum und Koriandergrün. Gewürze wie Piment, Nelkenpulver, Mastix und Mahleb kommen bei vielen Süßspeisen und Gebäck zum Einsatz.

Obwohl Zypern ein kleines Land ist, gibt es eine relativ große Zahl an Gerichten. Das lässt sich zum einen mit den vielfältigen kulturellen Einflüssen erklären, die Zypern geprägt haben, aber auch mit den recht unterschiedlichen klimatischen Verhältnissen auf der Insel. Man kann am Strand von Limassol sonnenbaden und eine Stunde später durch verschneite Berge fahren. Auch gibt es von Ort zu Ort unterschiedliche Versionen ein und desselben Gerichts. Da gibt es auch für mich immer noch Neues zu entdecken.

In gewisser Weise hat sich die traditionelle zyprische Küche seit der Zeit meiner Großeltern nicht sonderlich verändert. Einfache saisonale ländliche Kost mit viel Gemüse ist noch heute populär. Fleisch kommt im Alltag etwas regelmäßiger auf den Tisch, zu religiösen Anlässen und auf großen Familienfesten sowieso. Viele Familien stellen nach wie vor ihr eigenes Olivenöl her und der Überschuss an Obst und Gemüse aus dem eigenen Garten wird unter Freunden und Familien getauscht. Auf traditionelle Weise Eingemachtes und wild wachsendes Gemüse sind noch immer eine feste Größe, wenngleich sie von einer zunehmend älteren Generation zubereitet bzw. gesammelt oder schlicht im Laden gekauft werden. Zwar haben immer weniger Menschen Zeit, Brot oder hausgemachte Pasteten zu backen, doch gibt es auf der Insel zahlreiche Bäckereien und viele von ihnen haben rund um die Uhr geöffnet – ein Umstand, den ich schon immer zu schätzen wusste!

Dies ist ein Kochbuch, dennoch sollte nicht unerwähnt bleiben, dass Zypern ein Land mit komplizierten politischen Verhältnissen ist. Obwohl sie in ihrem Kontext sicherlich bedeutsam sind, möchte ich sie hier nicht weiter vertiefen und lediglich darauf hinweisen, dass mit „zyprischen Gerichten" Speisen gemeint sind, wie ich persönlich sie von Familie und Freunden her kenne.

Die Rezepte

Dieses Buch vereint sowohl klassische als auch moderne zyprische Rezepte. Einige sind traditionelle Gerichte aus dem Fundus meiner Familie, die ich unbedingt vor dem Vergessen bewahren wollte. Sie habe ich unverändert gelassen, Abwandlungen würden dem Ziel der Erhaltung entgegenwirken. Dagegen habe ich moderne Techniken dort eingeführt, wo sie sich auf die Gerichte selbst nicht auswirken, aber dazu beitragen, dass man die Gerichte in jeder Küche realisieren kann. Bei einigen Rezepten handelt es sich um Klassiker, denen ich mit westlichen Zutaten und Methoden einen modernen Anstrich verliehen habe. Da ich in Kanada aufgewachsen bin und in London, Singapur und Bangkok gelebt habe, wo sich manche typisch zyprischen Zutaten nicht so einfach auftreiben lassen, musste ich mit dem zurechtkommen, was das örtliche Angebot hergab. Schnell stellte ich fest, dass Veränderungen einem Rezept durchaus gut bekommen, und so legte ich den in dieser Hinsicht lange gehegten Purismus mit den Jahren ab. Einige überarbeitete Gerichte schmecken (meiner Ansicht nach) sogar besser als in ihrer traditionellen Version. Umgekehrt habe ich mit den Jahren auch gelernt, welche zyprischen Produkte für mich schlicht unverzichtbar sind. Mittlerweile lasse ich für sie immer ausreichend Platz in meinem Koffer, egal wohin ich reise. Darum stoßen Sie auch auf einige nicht zyprische Rezepte mit zyprischen Zutaten und Aromen.

Die Auswahl der Rezepte ist eine ganz persönliche. Sie ist keineswegs perfekt und sicher nicht erschöpfend. Ich habe besonderen Wert auf Gerichte gelegt, die mir etwas bedeuten, und bin mir darüber bewusst, dass diese Gerichte in jeder Familie auf Zypern ihre ganz eigene unverwechselbare Handschrift tragen, also glauben Sie bitte nicht, meine Zutaten oder Techniken seien in Stein gemeißelt. Es gibt zahllose fabelhafte Köche und Rezepte auf Zypern.

Einige praktische Hinweise

Ob traditionelle oder zeitgemäße zyprische Rezepte, sie alle sind auch mit ihrem griechischen Namen versehen, so sind sie von den nicht zyprischen Gerichten, die lediglich landestypische Zutaten und Aromen verwenden, leicht zu unterscheiden. Die Rezepte sind relativ leicht zu realisieren, wenngleich manche etwas Zeit brauchen. Bedenken sollte man, dass große Familienessen auf Zypern noch immer die Regel sind, selbst in der Hektik der heutigen Zeit. Zudem ist es nicht unüblich, dass ein Familienmitglied, gewöhnlich die Großmutter, gleich für die Kinder und Kindeskinder mitkocht. Süßspeisen und Gebäck werden nach wie vor in größeren Mengen zubereitet und gern unter Freunden verteilt. Ich habe die Mengen in diesem Buch so angepasst, dass man die Rezepte problemlos für zwei Personen zubereiten kann. Einige sind jedoch für eine größere Runde ausgelegt. Bei diesen halbieren Sie die Mengen gegebenenfalls einfach.

Die Auswahl an Küchengeräten und Zubehör überlasse ich Ihnen. Ich habe mich all die Jahre mit einem einfachen elektrischen Handrührgerät und den üblichen Töpfen und Pfannen begnügt. Und das ist immer noch mehr, als meine Großmutter hatte. Das wenige sollte es dann allerdings schon sein.

In der Regel benötigen Sie kein spezielles Zubehör für die Rezepte. Die wichtigsten Ausnahmen sind ein Destilliergerät für die Herstellung von Orangenblütenwasser, einen *briki* (einen kleinen Kaffeebereiter) für die Zubereitung des zyprischen Kaffees und ein Käsesieb für die Halloumi-Herstellung. Letztere beiden Artikel findet man in jedem guten Küchenfachgeschäft, etwas schwieriger wird es dagegen, ein einfaches Destilliergerät aufzutreiben, aber das gilt schließlich auch für Sevilla-Orangenblüten!

Die meisten Zutaten, die Sie benötigen, sollten in jedem gut sortierten Lebensmittelgeschäft erhältlich sein, spezifisch zyprische Zutaten findet man im griechischen, türkischen oder arabischen Lebensmittelhandel. Wo immer ich glaubte, etwas könnte außerhalb Zyperns schwer zu bekommen sein, habe ich einen Ersatz vorgeschlagen. Das vielleicht wichtigste Beispiel ist ein gelbliches, sehr eiweißreiches Mehl aus Hartweizen, das wir auf Zypern gern für Brot, Pasteten und Pasta verwenden, wir nennen es „Dorfmehl". Hier empfehle ich ersatzweise backstarkes Weizenmehl der Type 550.
Es sind auch einige sehr spezielle Zutaten dabei, sie betreffen jedoch besonders alte Rezepte, die ich allein aus Gründen der Bewahrung aufgenommen habe, nicht so sehr zur Nachahmung. Dazu gehören Halloumi & Anari (Seite 100), Orangenblütenwasser (Seite 159), saure Weizenschrotsuppe mit Halloumi (Seite 96), eingelegte Kaperntriebe (Seite 160) und das Traubengelee (Seite 188).
Bei diesen fünf rein zum Zwecke der Überlieferung dokumentierten Rezepten handelt es sich um uralte Spezialitäten und Methoden von meiner Familie, die ich zur Erhaltung unbedingt schriftlich fixieren wollte. Versuchen Sie sich nicht an diesen Rezepten, es sei denn, Sie haben die nötige Erfahrung im Umgang mit Zutaten und Techniken.

Jedes Kapitel beginnt mit einer allgemeinen Einführung und ein paar einleitenden Worten zu den Rezepten. Sie sind ebenso Bestandteil der Rezepte wie Zutaten und Anleitung, darum sollte man sie unbedingt lesen. Sie enthalten wertvolle Tipps und die eine oder andere spezielle Erläuterung.

Die Zutatenmengen habe ich wahlweise in den für den angloamerikanischen Raum typischen *cups* (Tassen) oder in Gramm angegeben, je nachdem, was mir zweckdienlicher erschien. In Zypern, so habe ich festgestellt, entspricht das Tassenmaß nicht dem internationalen Standard, sondern irgendeiner x-beliebigen Tasse, die offenbar in jedem Haushalt zur Hand ist! In diesem Buch entspricht eine Tasse durchgehend ¼ l, ein Teelöffel 5 ml und ein Esslöffel 15 ml. Wer mit einem der beiden Systeme oder einem noch anderen besser zurechtkommt, findet auf Seite 232 eine Umrechnungstabelle. Bei der Umrechnung von Tassen in Gramm oder Milliliter kommt es selbstverständlich auf die jeweilige Zutat an. Eine Tasse meint immer das gestrichene Maß, eine „knappe" Tasse ist etwas weniger, eine „gehäufte" etwas mehr.

Zu guter Letzt: Denken Sie daran, dass in Zypern hohe Luftfeuchtigkeit und Hitze nichts Ungewöhnliches sind. Wer in einem trockeneren und kühleren Klima lebt, sollte sich daher nicht wundern, wenn bei Teigen eventuell etwas mehr Mehl als angegeben nötig ist.

GETRÄNKE

Wo man auch ist auf Zypern, irgendwo sitzen immer ein paar Leute zusammen und trinken etwas – sei es einen schnellen Mokka unter einer behelfsmäßigen Zeltplane auf dem Markt oder einen Kaffee, den ein paar ältere Herren im Kafenion bei einer Partie Tavlie (Backgammon) schlürfen, sei es einen Frappé am Strand oder die nachmittägliche Limonade mit der Familie auf der Veranda.
Manche Getränke sind allgegenwärtig auf der Insel, der zyprische Kaffee etwa, der dem türkischen und griechischen Mokka gleicht, sowie selbst gemachte Limonade. Ob zu Hause bei der Verwandtschaft, in einem Strandrestaurant oder einer ländlichen Taverne, sie werden garantiert angeboten.

Zyprischer Kaffee („ΚΥΠΡΙΑΚΟΣ ΚΑΦΕΣ")

Ist man auf Zypern irgendwo zu Gast, wird ziemlich sicher der inseltypische Mokka angeboten. In den historischen Stadtvierteln und auf Märkten sieht man frühmorgens noch verbreitet Händler, die große Tabletts mit kleinen Tassen des starken Kaffees und dem üblichen Gläschen Wasser dazu balancieren. Man könnte meinen, die Zubereitung sei ganz einfach, doch wenn man nach der Methode fragt, bekommt man jedes Mal eine andere Antwort zu hören. Ursprünglich wurde der Kaffee in einem kleinen Kännchen, *briki* genannt, in einem Sandbett in der Ascheglut zubereitet, damit er gleichmäßig heiß wurde. Heute kocht man ihn auf dem Herd oder in einem kleinen elektrischen Kaffeebereiter. In meiner Familie gibt es noch eine große Auswahl an *brikis*, von klein bis groß, je nach Anzahl der Gäste. Und jeder mag seinen Kaffee auf eigene Weise, ungesüßt, mittelsüß oder süß.

Zyprische Limonade („ΛΕΜΟΝΑΔΑ")

Hausgemachte Zitronenlimonade ist in den meisten Familien eine feste Größe – meist steht sie in einer unetikettierten Glasflasche im Kühlschrank und wartet auf Gäste. Das Geheimnis einer guten Limonade besteht in der Verwendung junger Zitronen, die sich gerade erst gelb gefärbt haben. Und als aromatisches Extra gibt man zusätzlich ein wenig von dem ätherischen Öl, das in ihrer Schale steckt, hinein. Dass Zyperns Zitronen zu den aromatischsten zählen, denen ich je begegnet bin, ist sicher auch nicht von Nachteil.

Verbenen-Eistee

Zitronenverbene (auch Zitronenstrauch genannt) ist ein überall auf Zypern verbreitetes Kraut, das traditionell getrocknet und als Tee aufgegossen wird. Es duftet kräftig nach Zitrone. Dieser Verbenen-Eistee ist eine originelle Auslegung der zyprischen Limonade mit Eistee. Obwohl als nicht alkoholische Erfrischung gedacht, habe ich mit Freunden festgestellt, dass sie ein Schuss Gin zum perfekten Nachmittagscocktail an einem heißen Tag macht.

Zitrussaftschorle

Alexis' Mutter Nona macht den besten Zitrussaft, den ich je getrunken habe. Öffnet man die Flasche, duftet es wie ein ganzer Orangenhain. Als sie mir erklärte, wie sie ihn zubereitet, wurde sonnenklar, warum: Ihr erster Arbeitsschritt hieß „die Früchte pflücken" und selbst da steckt eine bestimmte Methode dahinter!

ZYPRISCHER KAFFEE

Κυπριακος καφες

ZUTATEN

2 TL zyprischer Kaffee (ersatzweise türkischer oder griechischer Kaffee)

Zucker nach Geschmack:
2 TL für sehr süß *(glyko)* oder
1 TL für mittelsüß *(metrio)* oder ungesüßt *(sketo)*

Pro Person ½ Tasse (125 ml) Wasser, den Kaffee und Zucker nach Geschmack in einem Mokkakännchen *(briki)* verrühren. Auf den Herd stellen und bei starker Hitze umrühren, bis sich der Zucker vollständig aufgelöst hat. Kurz bevor der Kaffee aufwallt, bildet sich ein Schaum, der plötzlich in dem Kännchen aufsteigt. Nun den *briki* sofort vom Herd nehmen, sonst verbrennt der Kaffee und schmeckt bitter – und viel Schaum bleibt auch nicht übrig. Den Kaffee in eine kleine Tasse gießen und mit einem Glas Wasser servieren.

Für 1 Person. Benötigt wird ein zyprischer Kaffeebereiter *(briki)*.

ZYPRISCHE LIMONADE

Λεμοναδα

ZUTATEN

10–15 Bio-Zitronen

3 Tassen (ca. 600 g) Zucker

Den Saft der Zitronen auspressen. Falls Sie mit einer herkömmlichen Saftpresse arbeiten, bei der Druck auf die Schale der Frucht ausgeübt wird, umso besser, so gelangt auch etwas von dem aromatischen Zitrusöl in den Saft. Er hält sich dadurch länger und schmeckt auch besser. Etwa 3 Tassen (¾ l) Zitronensaft abmessen und in eine kleine Schüssel gießen. Den Zucker mit einem Holzlöffel einrühren, bis er sich vollständig aufgelöst hat. Den gesüßten Zitronensaft in eine sterilisierte Flasche abfüllen und im Kühlschrank lagern. Zum Servieren pro Person 60 ml Zitronensaft mit ¼ l eiskaltem Wasser aufgießen – je nach gewünschter Süße auch etwas mehr oder weniger.

Für 12 Personen

VERBENEN-EISTEE

ZUTATEN

½ Tasse (ca. 100 g) Zucker
2 Bio-Zitronen
1 Tasse Zitronenstrauchblätter (Verbene)
1 Beutel schwarzer Tee (nach Belieben)
4 Stängel Zitronengras
½ Tasse gehackter Ingwer
½ Tasse Minzeblätter

In einem Topf ½ Tasse (125 ml) Wasser und den Zucker unter Rühren erhitzen, bis sich der Zucker aufgelöst hat. Abkühlen lassen. 1 Zitrone halbieren, den Saft auspressen und zur Zuckerlösung geben. Die Verbenenblätter und nach Belieben den Teebeutel mit 6 Tassen (1 ½ l) kochendem Wasser aufgießen und 20 Minuten ziehen lassen. Das Zitronengras zerstoßen und in eine große Kanne geben. Den Ingwer und die Minze dazugeben und mit dem Aufguss auffüllen. Die restliche Zitrone in Scheiben schneiden und hinzufügen. Den Eistee nach Geschmack mit der Zuckerlösung süßen und im Kühlschrank durchkühlen lassen. Durch ein Sieb gießen und auf Eis servieren.

Für 4 bis 6 Personen

ZITRUSSAFTSCHORLE

ZUTATEN

2 ½ Tassen (625 ml) Mandarinensaft (Bio-Früchte)
2 ½ Tassen (625 ml) Orangensaft (Bio-Früchte)
5 Tassen (ca. 1 kg) Zucker
Mineralwasser zum Servieren

Verwenden Sie ausgereifte süße Mandarinen. Wenn die Früchte selbst gepflückt werden, macht man es am frühen Morgen, bevor sie die Sonne bescheint. Zum Auspressen der Mandarinen und Orangen ist eine herkömmliche Saftpresse die beste Wahl, weil so auch etwas von den ätherischen Ölen in der Schale in den Saft gelangt – das Öl sorgt zusätzlich für Aroma und längere Haltbarkeit. Den Saft und den Zucker in einer Schüssel verrühren, bis sich der Zucker vollständig aufgelöst hat, 2 Stunden stehen lassen. Anschließend in sterilisierte Flaschen abfüllen und im Kühlschrank lagern. Zum Servieren pro Person 60 ml Zitrussaft mit ¼ l eiskaltem Mineralwasser auffüllen (nach Geschmack auch mehr oder weniger).

Ergibt 20 Gläser

BROT, PASTETEN & CO.

Brot und Pasteten sind ein wichtiger Bestandteil der zyprischen Esskultur. In einem Land, in dem bei den Öffnungszeiten der meisten Läden durchaus Luft nach oben ist, spricht es Bände, dass Bäckereien eine der wenigen Branchen sind, in denen manche Betriebe rund um die Uhr geöffnet haben.

Die zyprische Küche ist reich an Brot- und Gebäcksorten und da es so viele gibt, sind hier natürlich nicht alle vertreten. Mit dabei sind traditionelle Brote und Pasteten, wie sie in meiner Familie noch gang und gäbe sind. Hinzu kommt eine Reihe neuer Rezepte, bei denen ich westliche Klassiker mit typisch zyprischen Aromen kombiniert habe.

Orangenosterbrot („ΤΣΟΥΡΕΚΙ")

Ein delikater, nach Orangen duftender süßer Zopf, der zu Ostern gebacken wird – er erinnert ein wenig an das jüdische *challa*. Ein gutes *tsoureki* erkennt man an den feinen Fäden in der Krume des angebrochenen Brotes. Sie entstehen durch eine besondere Technik beim Kneten des Teiges. Das nicht mehr ganz frische Brot lässt sich übrigens ausgezeichnet für Arme Ritter verwenden.

Olivenbrot („ΕΛΙΟΠΙΤΑ")

In Zypern gibt es alle Arten von Olivenbrot: das traditionelle Brot, *syne* genannt, das in einer großen Pfanne gebacken wird, die halbrunden gefüllten Pastetchen mit mürber Kruste, aber auch kleine Olivenbrötchen. Man bekommt sie beim Bäcker und auf Märkten. Ich mag besonders diese Variante mit ihrer knusprigen Sesamkruste und der üppigen Füllung. Die meisten Olivenpasteten und -teigtaschen auf Zypern werden mit frischem Koriandergrün gewürzt; mir ist es zu dominant, daher lasse ich es weg. Von diesem Brot backe ich immer gleich einen ganzen Schwung und friere den Rest ein – ein willkommenes Frühstück oder leichter Lunch in Reserve.

Zyprisches Osterbrot mit Käse („ΦΛΑΟΥΝΕΣ")

Flaounes sind würzig gefüllte Teigtaschen, die man auf Zypern zu Ostern serviert. Ich erinnere mich noch lebhaft daran, wie meine Mutter und ihre beste Freundin Eleni jedes Jahr in Kanada gemeinsam einen Berg *flaounes* backten, der für ein ganzes zyprisches Dorf gereicht hätte. Der typische Käse für die Füllung ist außerhalb Zyperns schwer zu finden. Er wird *flaouna* genannt und aus Schafs- und Ziegenmilch nach einer ähnlichen Methode hergestellt wie Halloumi. Meine Mutter und Eleni mussten improvisieren. Das Ergebnis übertraf die traditionellen *flaounes* noch, daher habe ich mich hier für ihr Rezept entschieden. Auf Zypern lässt man die Sultaninen gelegentlich weg oder ersetzt sie durch Hanfsamen.

Zyprische Crêpes („ΚΑΤΙΜΕΡΙ")

Für mich sind *katimeri* die zyprische Version von Crêpes mit Zimt und Honig. Meine Tante backt sie gern zu großen, fröhlichen Familienzusammenkünften. Es ist ein denkbar einfaches Rezept, das meine Tanten in jungen Jahren oft zu Hause zubereiteten, schon weil die Zutaten günstig waren. Man kann die Pfannkuchen als süßen Snack für zwischendurch, zum Frühstück oder auch als Nachspeise servieren.

Kürbispastetchen („ΚΟΛΟΚΟΤΕΣ")

Jeden Herbst, wenn die Kürbissaison beginnt, freue ich mich auf diese leckeren Teigtaschen. Das Schöne an ihnen ist, dass man sie je nach Appetit und Stimmung salzig oder süß zubereiten kann.

Spinatpasteten („ΣΠΑΝΑΚΟΠΙΤΕΣ")

Es gibt zahllose Rezepte für *spanakopita,* sei es als große Pastete vom Blech oder in Form von einzelnen kleinen Teigtaschen, Letztere mag ich am liebsten. Gießen Sie den Saft nach dem Abtropfen der Spinatfüllung nicht weg. Er lässt sich im Kühlschrank aufbewahren oder einfrieren und für Suppe verwenden.

Würzige Zucchini-Muffins

Der September beschert uns immer massenhaft Zucchini. Da kommt dieses Rezept gerade recht.

Halloumi-Scones mit Minze

In meiner Luftschlossbäckerei spielen diese Scones die Hauptrolle. Wer sie mal probiert hat, leckt sich die Finger danach.

Damenfinger („ΔΑΚΤΥΛΑ")

Dieses Gebäck gönne ich mir als Erstes, wenn ich nach langer Zeit nach Zypern zurückkehre. Übersetzt heißt es „Damenfinger" und mir ist ehrlich gesagt schleierhaft, wie es zu diesem Namen kam. Es erinnert ein wenig an Baklava, nur ohne Butter, und schmeckt umwerfend. Ich könnte wetten, auch Sie können die Finger nicht von den „Fingern" lassen.

Bourekia mit Hackfleisch („ΠΟΥΡΕΚΙΑ ΜΕ ΚΙΜΑ")

Meine Mutter hat dieses Rezept von meiner Patentante, deren Familie aus Antalya in der Türkei nach Zypern kam. Hier sind die *bourekia* noch auf traditionelle Weise geformt, heute werden sie oft als geschlossene gefüllte Teigtaschen verkauft. Ein schmackhafter Snack, der auch als Teil einer leichten Mahlzeit nicht zu verachten ist.

Tahini-Pastetchen („ΤΑΧΙΝΟΠΙΤΕΣ")

Tahinopites sind ein traditionelles zyprisches Gebäck mit Sesampaste (Tahini), Zimt und Zucker, das sich sicher auch außerhalb Zyperns großer Beliebtheit erfreuen würde, wenn es nur bekannter wäre. Früher konnte man *tahinopites* von Straßenhändlern kaufen, die das Gebäck vom Gepäckträger ihres Fahrrads anboten, im Sommer sogar am Strand. Heute sind es vor allem Bäckereien, die das Gebäck noch anbieten. Ich habe viele Jahre an einem Rezept für diese klebrig-süßen Gepäckträger-Pastetchen aus meiner Kindheit herumprobiert, daher bin ich auf dieses ganz besonders stolz. Verwenden Sie unbedingt braunes Tahini (aus ungeschältem Sesam), mit weißem funktioniert es nicht.

Kleie-Muffins mit Johannisbrothonig

Kleie-Muffins vermisse ich wirklich auf Zypern. Also backe ich sie mit zyprischem Joghurt und Johannisbrothonig selbst: groß, saftig und aromatisch – einfach köstlich. Wer keinen Johannisbrothonig findet, kann auch anderen Honig verwenden.

Frittierte Bulgurbällchen mit Schweinefleischfüllung („ΚΟΥΠΕΣ")

Dies ist eines der beliebtesten zyprischen Rezepte auf meiner Website. *Koupes* werden meist mit einem Spritzer Zitronensaft beträufelt zum Frühstück gegessen – in Bäckereien liegen dafür sogar Zitronenspalten bereit. Die Zyprer machen sie kaum noch selbst, da sie etwas Zeit brauchen und es genügend gute Adressen gibt, die sich darauf bestens verstehen. Ich wollte das Rezept vor dem Vergessen bewahren. Ideen für eine schnellere und gesündere Version finden Sie auf meiner Website.

ORANGENOSTERBROT

Τσουρεκι

ZUTATEN

1 Päckchen Trockenhefe (8 g)
½ Tasse (125 ml) lauwarme Milch
½ Tasse (ca. 100 g) Zucker, plus 1 TL
550 g Mehl
¾ TL Mahlebpulver (Steinweichselkernpulver; aus dem türkischen Lebensmittelgeschäft oder dem Onlineshop)
¼ TL Mastixpulver (aus dem Onlineshop)
⅛ TL Vanillepulver
½ EL abgeriebene Bio-Orangenschale
Salz
4 Eier
½ Tasse (125 ml) zerlassene Butter
⅛ Tasse (30 ml) Orangensaft

Die Hefe, die Milch und 1 TL Zucker in einer kleinen Schüssel verrühren, mit einem Küchentuch zudecken und 10 Minuten stehen lassen, bis die Mischung schäumt. Mehl, Mahleb-, Mastix- und Vanillepulver sowie die Orangenschale und 1 Prise Salz in einer großen Schüssel vermengen. In einer weiteren Schüssel 3 Eier und den restlichen Zucker (½ Tasse) mit dem Handrührgerät auf hoher Stufe schaumig schlagen. Die Butter, den Orangensaft, die Hefemischung und den Eierschaum unter die Mehlmischung ziehen und alles mit den Händen zu einem Teig verarbeiten. Den Teig 10 Minuten kräftig durchkneten, bis er glatt und geschmeidig ist. Dabei immer wieder mit den Daumen nach unten gegen die Arbeitsfläche drücken und vom Körper wegschieben – so gewinnt er an Struktur. Den Teig zu einer Kugel formen, in eine Schüssel legen und mit Frischhaltefolie und einigen Küchentüchern zugedeckt 2 Stunden gehen lassen, bis sich sein Volumen verdoppelt hat. Den Teig in 3 gleich große Teile teilen, diese zu je 3 Strängen formen und daraus 3 Zöpfe flechten. Auf ein Backblech legen und mit einem Küchentuch zugedeckt weitere 1½ Stunden gehen lassen, bis sich ihre Volumen erneut verdoppelt haben. Inzwischen den Backofen auf 160 °C vorheizen. Das restliche Ei verquirlen und die Zöpfe damit bestreichen. Die Zöpfe im Ofen auf der mittleren Schiene 30 bis 35 Minuten backen.

Ergibt 3 Brote

OLIVENBROT

Ελιοπιτα

ZUTATEN

Für die Füllung
175 g entsteinte marokkanische Oliven (ersatzweise andere getrocknete schwarze Oliven)
175 g entsteinte grüne Oliven (Royal)
400 g entsteinte Kalamata-Oliven
1 Tasse fein gehackte Zwiebeln
⅓ Tasse (80 ml) Olivenöl
1½ EL getrocknete Minze

Für den Teig
5 Tassen (ca. 600 g) Mehl
½ TL Mastixpulver (aus dem Onlineshop)
1 TL Mahlebpulver (Steinweichselkernpulver; aus dem türkischen Lebensmittelgeschäft oder dem Onlineshop)
½ TL Salz
5 EL ungehärtetes Pflanzenfett
1 Päckchen Trockenhefe (7 g)
1½ EL Zucker
1⅓ Tassen (300 ml) lauwarme Milch
1 großes Ei

Außerdem
1 Tasse Sesamsamen zum Bestreuen
1 Ei

Für die Füllung die drei Olivensorten fein hacken. Mit den Zwiebeln, dem Olivenöl und der Minze in einer kleinen Schüssel vermischen. Für den Teig das Mehl, Mastix- und Mahlebpulver und das Salz in einer großen Schüssel mischen und mit den Fingern das Pflanzenfett in die Mischung reiben. In einer weiteren Schüssel die Hefe und 1 EL Zucker in 1 Tasse (¼ l) lauwarmer Milch auflösen. Mit einem Küchentuch zudecken und 15 Minuten stehen lassen. Die restliche Milch mit dem restlichen Zucker in einer Schüssel verrühren und das leicht verquirlte Ei unterrühren. Die Hefemischung in das Mehl gießen, anschließend nach und nach die Milchmischung dazugeben und alles mit den Händen zu einem Teig verarbeiten. Den Teig 15 Minuten kräftig durchkneten, bis er glatt und geschmeidig ist. Zu einer Kugel formen, in eine Schüssel legen und mit

Frischhaltefolie und einigen Küchentüchern zugedeckt 2 Stunden gehen lassen, bis sich sein Volumen verdoppelt hat. Den Teig nach dem Gehen abschlagen. Ein tennisballgroßes Stück Teig abschneiden und 3 bis 4 mm dünn zu einem Rechteck von etwa 22 × 25 cm Größe ausrollen. Eine gute ½ Tasse der Füllung auf der unteren Hälfte des Rechtecks verteilen, am Rand einen 1 cm breiten Streifen frei lassen. Den Teig am unteren Rand beginnend mit der Füllung aufrollen. Die Sesamsamen auf eine flache Unterlage streuen und mit etwas Wasser befeuchten. Die Teigrolle rundherum in dem Sesam wenden. Auf diese Weise sämtlichen Teig ausrollen und füllen. Die Olivenbrote auf ein Backblech legen, mit einem Küchentuch zudecken und noch einmal 1 Stunde gehen lassen. Inzwischen den Backofen auf 160 °C vorheizen. Das Ei verquirlen und die Brote damit bestreichen. Die Brote im Ofen auf der mittleren Schiene 35 bis 40 Minuten backen.

Ergibt 4 bis 5 Brote

ZYPRISCHES OSTERBROT MIT KÄSE

Φλαουνες

ZUTATEN

Für die Füllung
3 Tassen geriebener Kefalotyri (griechischer Hartkäse)
2½ Tassen geriebener Parmesan
4 Tassen geriebener Pecorino
2 EL getrocknete Minze
½ EL Mastixpulver (aus dem Onlineshop)
½ TL Mahlebpulver (Steinweichselkernpulver; aus dem türkischen Lebensmittelgeschäft oder dem Onlineshop)
10 TL Backpulver
10 Eier
¾ Tasse Sultaninen

Für den Teig
5 Tassen (ca. 600 g) Mehl
½ EL Mastixpulver
1 EL Mahlebpulver
½ TL Salz
5 EL ungehärtetes Pflanzenfett
1 Päckchen Trockenhefe (7 g)
1½ EL Zucker
330 ml lauwarme Milch
1 großes Ei

Außerdem
1 Tasse Sesamsamen
2 Eier

Für die Füllung die drei Käsesorten in einer großen Schüssel mit der Minze, dem Mastix-, Mahleb- und Backpulver vermischen. Die Eier nacheinander hineinschlagen und alles mit den Händen durchmischen. Die Sultaninen unterheben. Die Füllung mit einem Küchentuch zudecken und ruhen lassen. Inzwischen den Teig zubereiten. Für den Teig das Mehl, das Mastix- und Mahlebpulver und das Salz in einer großen Schüssel mischen. Das Pflanzenfett mit den Fingern in die Mischung reiben. In einer weiteren Schüssel die Hefe und 1 EL Zucker in 1 Tasse (¼ l) lauwarmer Milch auflösen. Mit einem Küchentuch zugedeckt 15 Minuten stehen

lassen. Die restliche Milch und den übrigen Zucker in einer Schüssel verrühren. Das Ei leicht verquirlen und unterrühren. Die aufgelöste Hefe in die Mehlmischung rühren. Die Eiermilch langsam dazugießen und alles mit den Händen zu einem Teig verarbeiten. Den Teig 15 Minuten kräftig kneten, bis er glatt und geschmeidig ist. Zu einer Kugel formen, in eine Schüssel legen und mit Frischhaltefolie und einigen Küchentüchern zugedeckt 2 Stunden gehen lassen. Anschließend mit der Faust abschlagen. Ein Stück Teig von der Größe einer Zitrone (etwas kleiner als ein Tennisball) abschneiden und zu einem Kreis von etwa 20 cm Durchmesser ausrollen. Die Arbeitsfläche großzügig mit Sesam bestreuen und mit etwas Wasser befeuchten. Den Teigfladen kurz in den Sesam legen, sodass einige Samen daran haften bleiben. In die Mitte des Teiges 1 Tasse der Käsefüllung geben. Die Eier verquirlen. Den Teigrand rundherum mit der Hälfte der verquirlten Eier bestreichen. Drei Seiten so über die Füllung schlagen, dass eine dreieckige, nicht ganz geschlossene Teigtasche entsteht. Die Nähte an den äußeren Ecken zum Versiegeln mit einer Gabel leicht andrücken, damit dort die Füllung nicht austreten kann. Auf diese Weise sämtlichen Teig ausrollen und füllen. Die gefüllten Teigtaschen auf ein Backblech legen, mit einem Küchentuch zudecken und 1 weitere Stunde gehen lassen. Inzwischen den Backofen auf 160 °C vorheizen. Die Teigtaschen leicht mit dem restlichen verquirlten Ei bestreichen und im Ofen auf der mittleren Schiene 45 Minuten backen.

Ergibt 10 bis 12 Teigtaschen

ZYPRISCHE CRÊPES

Κατιμερι

ZUTATEN

Für den Teig
825 g traditionelles zyprisches „Dorfmehl" (ersatzweise Weizenmehl Type 550)
½ TL Salz
2 ½ EL Olivenöl
Mehl zum Bestäuben und für die Arbeitsfläche

Für Füllung und Garnitur (ergibt etwas mehr)
1 TL Zimtpulver
¾ Tasse (ca. 150 g) Zucker, plus Zucker zum Bestreuen
Olivenöl
Honig

Für den Teig das Mehl in einer großen Schüssel mit 625 ml lauwarmem Wasser, dem Salz und dem Olivenöl vermischen und 10 Minuten kräftig durchkneten. Den Teig in eine leicht bemehlte Plastiktüte stecken, verschließen und 45 Minuten an einem warmen Ort ruhen lassen. Für die Füllung den Zimt und den Zucker in einer kleinen Schüssel mischen. Nach der Teigruhe Stücke von der Größe einer Zitrone abnehmen (etwa 95 g) und auf der gut bemehlten Arbeitsfläche millimeterdünn zu Kreisen von 34 bis 35 cm Durchmesser ausrollen. Bevor Sie fortfahren, das Mehl sorgfältig abschütteln. Nun jeweils 1 EL plus 1 TL Olivenöl in die Mitte der Teigkreise träufeln und die vier „Seiten" einmal kurz zur Mitte falten, sanft andrücken und wieder zurückschlagen, um das Öl gleichmäßig auf der Oberfläche zu verteilen. Die Kreise mit 1 gehäuften EL Zimtzucker bestreuen und zu Quadraten von etwa 17 cm Kantenlänge falten. Eine Pfanne bei mittlerer Hitze vorheizen. Die erste Crêpe hineinlegen und 1 Minute backen. Wenden und 1 weitere Minute backen. Noch einmal umdrehen und 1 letzte Minute garen. Die Crêpe ist fertig, wenn sie von beiden Seiten stellenweise gebräunt ist. Auf diese Weise sämtliche Crêpes backen. Die fertigen *katimeri* mit etwas Zucker bestreuen und bis zum Servieren übereinanderstapeln. Mit Honig beträufelt servieren.
Ergibt 14 bis 16 Crêpes

KÜRBISPASTETCHEN

Κολοκοτες

ZUTATEN

Für die Füllung
¼ Tasse gehackte Zwiebeln
2 EL Olivenöl
1½ Tassen fein gewürfelter Butternuss-kürbis
2½ EL gehacktes Fenchelgrün (das fedrige Kraut der Fenchelknolle)
¼ TL Pfeffer aus der Mühle
½ TL Salz
¼ TL Zimtpulver
1 EL brauner Zucker
2 EL Bulgur
3 EL Sultaninen

Für den Teig
4 Tassen (ca. 480 g) Mehl
½ Tasse (125 ml) Olivenöl
1 EL frisch gepresster Zitronensaft
1 TL Salz

Außerdem
Mehl für die Arbeitsfläche
Olivenöl zum Bepinseln
Salz und Pfeffer aus der Mühle

Für die Füllung die gehackten Zwiebeln in einer kleinen Pfanne im Olivenöl andünsten. Mit den restlichen Zutaten in einer Schüssel mischen und 2 Stunden ziehen lassen. Für den Teig das Mehl und das Olivenöl in einer großen Schüssel sorgfältig miteinander verreiben. Den Zitronensaft, das Salz und ½ Tasse (125 ml) lauwarmes Wasser hinzufügen und alles mit den Händen mischen. Je nach Bedarf weiteres Mehl und/oder Wasser einarbeiten, bis sich der Teig zu einer Kugel formen lässt. Die Teigkugel in eine Schüssel legen und mit Frischhaltefolie und zwei Küchentüchern zugedeckt 30 Minuten ruhen lassen. Den Backofen auf 190 °C vorheizen und zwei Backbleche mit Backpapier belegen. Den Teig auf der leicht bemehlten Arbeitsfläche

5 mm dick ausrollen und Kreise von 15 cm Durchmesser ausstechen. Je ¼ Tasse der Füllung auf die untere Hälfte der Kreise setzen. Den Teig über die Füllung falten, sodass halbmondförmige Taschen entstehen, und den Rand fest andrücken. Die gefüllten Teigtaschen auf die Bleche legen und 15 Minuten ruhen lassen. Anschließend mit etwas Olivenöl bepinseln und kleine Löcher hineinschneiden. Mit Salz und Pfeffer bestreuen und im Ofen auf der mittleren Schiene 25 bis 30 Minuten backen.

Ergibt 12 kleine Pastetchen

SPINATPASTETEN

Σπανακοπιτες

ZUTATEN

80 ml Olivenöl
1 gehäufte Tasse fein gehackter Lauch
1 ½ Tassen fein gehackte Frühlingszwiebeln
¾ Tasse fein gehackter Dill
310 g junger Spinat
1 TL Salz
¼ TL Pfeffer aus der Mühle
1 großes Ei
150 g Feta
16 Filoteigblätter (à 36 × 45 cm; aus dem Kühlregal)
½ Tasse (125 ml) zerlassene Butter

Den Backofen auf 175 °C vorheizen und zwei Backbleche mit Backpapier belegen. Das Olivenöl in einer großen Pfanne bei mittlerer bis starker Temperatur erhitzen. Den Lauch, die Frühlingszwiebeln und den Dill hineingeben und unter Rühren 2 Minuten anbraten. Den Spinat hinzufügen und weiterrühren, bis er zusammengefallen ist. Die Mischung mit Salz und Pfeffer würzen, in ein Sieb abgießen und über einer Schüssel 2 Stunden abtropfen lassen. Das Ei in einer großen Schüssel leicht verquirlen und den Feta darüber zerbröckeln. Die abgekühlte Spinatmischung untermischen. Das erste Filoteigblatt auf die Arbeitsfläche legen und mit Butter bestreichen. Ein zweites Teigblatt darauflegen und ebenfalls buttern. Die Teigblätter mit einem scharfen Messer in 5 gleich große Streifen schneiden. An das untere Ende jeweils 1 EL der Spinatmasse setzen, eine Teigecke diagonal über die Füllung schlagen und die Streifen nach und nach falten, sodass dreieckige Paketchen entstehen. Zum Verschließen den Überhang mit etwas Butter „ankleben". Auf diese Weise sämtliche Filoteigblätter füllen und falten. Die gefüllten Teigtaschen auf das Blech legen, mit etwas Butter bestreichen und im Ofen auf der mittleren Schiene 15 bis 20 Minuten backen, bis die Ränder goldbraun sind.
Ergibt 35 bis 39 Teigtaschen

WÜRZIGE ZUCCHINI-MUFFINS

ZUTATEN

2 kleine Eier
½ Tasse (125 ml) Kokosöl
¾ Tasse (ca. 150 g) brauner Zucker
1 TL Vanilleextrakt
1 Tasse fein geriebene Zucchini
1 ¼ TL Zimtpulver
⅛ TL gemahlener Kardamom
⅛ TL frisch geriebene Muskatnuss
½ TL Backpulver
½ TL Backnatron
½ TL Salz
1 ½ Tassen (ca. 180 g) Mehl
1 TL abgeriebene Bio-Orangenschale
⅓ Tasse gehackte und geröstete Walnüsse
⅓ Tasse Schokosplitter

Den Backofen auf 175 °C vorheizen und die Mulden eines Muffinblechs mit 10 Papierförmchen auslegen. In einer großen Schüssel die Eier, das Öl, den Zucker und die Vanille sorgfältig vermischen. Die Zucchini gut ausdrücken und unterrühren. Zimt, Kardamom, Muskatnuss, Backpulver, Backnatron und das Salz dazugeben, anschließend das Mehl unterheben und alles zu einem weichen Teig verarbeiten. Die Orangenschale, die Walnüsse und die Schokosplitter untermischen. Den Teig in die Papierförmchen füllen, nach Belieben mit Kürbiskernen bestreuen und im Ofen auf der mittleren Schiene 25 bis 28 Minuten backen.

Ergibt 10 große Muffins

HALLOUMI-SCONES MIT MINZE

ZUTATEN

2 Tassen Mehl
1 EL Backpulver
½ Tasse gewürfelte kalte gesalzene Butter
1 Tasse gewürfelter Halloumi
¼ Tasse gehackte Minze
1 großes Ei
¾ Tasse (177 ml) Buttermilch

Den Backofen auf 200 °C vorheizen und ein Backblech mit Backpapier belegen. Das Mehl und das Backpulver in einer Schüssel vermengen. Die Butter dazugeben und alles mit den Fingern zu einer krümeligen Masse zerreiben. Anschließend locker den gewürfelten Halloumi und die Minze untermischen. Das Ei leicht verquirlen und mit der Buttermilch verrühren, in die Mehlmischung gießen und mit den Händen zu einem weichen Teig verarbeiten, jedoch nicht zu intensiv kneten. Daraus 6 gleich große Scones formen und auf das Blech legen. Falls der Teig klebrig ist, evtl. mit bemehlten Händen arbeiten. Die Scones im Ofen auf der mittleren Schiene 20 Minuten goldbraun backen.
Ergibt 6 große Scones

DAMENFINGER

Δακτυλα

ZUTATEN

Für den Teig
1 Tasse (ca. 120 g) Weizenmehl Type 550
1 Tasse (ca. 120 g) Weizenmehl Type 405
Salz
2 EL ungehärtetes Pflanzenfett
1 Ei

Für die Füllung
1 ¼ Tassen grob gehackte Mandeln
3 EL Zucker
¾ TL Zimtpulver

Für den Sirup
2 Tassen (ca. 400 g) Zucker
1 Streifen Bio-Orangenschale (ca. 2 cm)
½ Zimtstange
5–6 Gewürznelken
1 TL frisch gepresster Zitronensaft
2 TL Orangenblütenwasser (nach Belieben)
3 EL Honig

Außerdem
Öl zum Frittieren

Für den Teig beide Mehlsorten und 1 Prise Salz in einer Schüssel mischen. Das Pflanzenfett mit den Fingern in das Mehl reiben. In der Mitte eine kleine Mulde bilden. Das Ei verquirlen und hineingeben. Langsam etwa 80 ml warmes Wasser dazugießen, evtl. auch etwas mehr. Den Teig 10 Minuten durchkneten, bis er geschmeidig ist und glänzt. Zu einer Kugel formen, mit Frischhaltefolie und zwei Küchentüchern zugedeckt 1 Stunde ruhen lassen. Für die Füllung alle Zutaten in einer Schüssel mischen. Für den Sirup in einem Topf ¼ l Wasser mit Zucker, Orangenschale, Zimt, Nelken, Zitronensaft und Orangenblütenwasser unter Rühren langsam erhitzen. Sobald die Mischung leicht siedet, 5 Minuten köcheln lassen, den Herd ausschalten, Honig unterrühren und vollständig abkühlen lassen. Den Teig etwa 5 mm dünn ausrollen, in Rechtecke schneiden (à etwa 5 × 8 cm). Längs jeweils mittig einen Streifen Füllung (etwa ½ TL) auftragen, den Rand darüberfalten und andrücken. Auf diese Weise sämtlichen Teig zu „Damenfingern" verarbeiten. Ausreichend Öl zum Frittieren erhitzen und die Damenfinger darin portionsweise ausbacken. Sobald sie goldbraun sind und sich kleine Bläschen an der Oberfläche zeigen, mit dem Schaumlöffel herausheben und rasch in den Sirup tauchen. Abtropfen lassen und servieren.
Ergibt etwa 35 Stück

BOUREKIA MIT HACKFLEISCH

Πουρεκια με κιμα

ZUTATEN

Für den Teig
1 Tasse (ca. 120 g) Mehl
1 Tasse (ca. 120 g) traditionelles zyprisches „Dorfmehl“ (ersatzweise Weizenmehl Type 550)
Salz
1 EL ungehärtetes Pflanzenfett
1 Ei

Für die Füllung
350 g mageres Schweinehackfleisch
1 fein gehackte mittelgroße Zwiebel
½ Tasse fein gehackte Petersilie
1 ¼ TL Salz
½ TL Pfeffer aus der Mühle

Für den Teig beide Mehlsorten und 1 Prise Salz vermengen. Das Pflanzenfett hinzufügen und mit den Fingern in das Mehl reiben. In der Mitte eine Mulde bilden. Das Ei leicht verquirlen, hineingießen und mit einer Gabel nach und nach unter das Mehl rühren. Langsam je nach Bedarf 80 bis 125 ml warmes Wasser untermischen, bis sich die Zutaten zu einem Teig verbunden haben. Den Teig 10 Minuten kräftig durchkneten und in eine Schüssel legen. Mit Frischhaltefolie und zwei Küchentüchern zudecken und 1 Stunde ruhen lassen. Für die Füllung das Schweinehackfleisch, die Zwiebel und die Petersilie in einer Schüssel sorgfältig vermischen und mit Salz und Pfeffer würzen. Die Masse bis zur Verwendung kühl stellen. Wenn der Teig so weit ist, ein kleines Stück abnehmen, mithilfe einer Pastamaschine oder mit dem Nudelholz etwa 1 mm dünn ausrollen und einen Kreis von 10 cm Durchmesser ausstechen. In die Mitte 1 TL der Hackmasse setzen und mit dem Löffelrücken verstreichen; ringsum einen 2½ cm breiten Rand frei lassen. Den Rand rundherum hochschlagen und über der Füllung zusammenführen, sodass Falten entstehen. Auf diese Weise sämtlichen Teig zu *bourekia* verarbeiten. Das Öl in einer mittelgroßen Pfanne erhitzen und die *bourekia* darin in Portionen zu 7 bis 10 Stück etwa 2 Minuten goldbraun frittieren. Auf Küchenpapier abtropfen lassen und servieren.

Ergibt etwa 60 kleine *bourekia*

TAHINI-PASTETCHEN

....

Ταχινοπιτες

ZUTATEN

Für die Füllung
1 Tasse braunes Tahini (Sesampaste)
½ TL Öl
80 g Zucker
¼ TL Zimtpulver
⅛ TL Backnatron

Für den Teig
ca. 2 Tassen (ca. 230 g) traditionelles zyprisches „Dorfmehl“ (ersatzweise Weizenmehl Type 550)
¼ Tasse (ca. 30 g) italienisches Weizenmehl Type 00
½ TL Trockenhefe
½ TL Salz
¼ TL Backnatron
2 EL Öl

Außerdem
Öl für die Arbeitsfläche

Den Backofen auf 160 °C vorheizen. Ein Backblech mit Backpapier belegen. Für die Füllung sämtliche Zutaten miteinander vermischen – die Masse sollte von eher grober Beschaffenheit, nicht ganz glatt sein. Für den Teig in einer großen Schüssel beide Mehlsorten, Trockenhefe, Salz, Backnatron und Öl vermischen und mit den Knethaken des Handrührgeräts 1 bis 2 Minuten zu einer leicht klebrigen Masse verarbeiten (Sie können das natürlich auch von Hand erledigen). Weitere 5 bis 10 Minuten kneten und dabei nach und nach 180 ml bis ¼ l warmes Wasser dazugießen, bis sich der Teig zu einer glatten Kugel formen lässt. Evtl. benötigt man etwas mehr oder weniger Wasser. Die saubere Arbeitsfläche mit 1 EL Öl beträufeln. Den Teig in 6 gleich große Stücke teilen, zu Kreisen abflachen und quer durch die Mitte eine Rinne hineindrücken. Je etwa 1 EL der Tahini-Füllung in die Rinne geben, den unteren Teigrand über die Füllung schlagen, sodass er bündig auf dem oberen zu liegen kommt; evtl. tritt seitlich etwas Füllung aus, das macht aber nichts. Die Teigtaschen nun zu langen Strängen rollen, dabei evtl. ausgetretene Füllung auf der Arbeitsfläche wieder aufnehmen und einar-

beiten. Die Teigstränge sollten am Ende etwa 20 cm lang sein. Diese einmal zusammenfalten und erneut rollen, die Enden dieses Mal jedoch entgegengesetzt bewegen bzw. rollen, sodass sie sich in sich verdrehen. Wenn sie etwa 15 cm lang sind, die Teigstränge zu einem S formen, die Enden jeweils zu Schnecken einrollen und diese aufeinanderlegen. Auf diese Weise sämtlichen Teig zu Tahini-Pastetchen verarbeiten. Die Pasteten mit der Hand etwas flach drücken, auf das Backblech legen und 15 Minuten gehen lassen. Anschließend im Ofen auf der mittleren Schiene etwa 20 Minuten backen, bis sie leicht gebräunt sind.

Ergibt 6 Tahini-Pasteten

KLEIE-MUFFINS MIT JOHANNISBROTHONIG

ZUTATEN

2 Tassen (ca. 500 g) zyprischer oder griechischer Joghurt
2 TL Backnatron
2 Tassen (ca. 240 g) Mehl
2 Tassen Weizenkleie
2 EL fein gemahlene Pekannüsse
4 TL Backpulver
½ TL Vanillepulver
½ TL Salz
2 Eier
1 Tasse (ca. 200 g) brauner Zucker
½ Tasse (125 ml) Kokosöl
½ Tasse (125 ml) Öl
¼ Tasse Johannisbrothonig (ersatzweise anderer Honig)
¼ Tasse Sultaninen

Den Backofen auf 175 °C vorheizen. Den Joghurt und das Backnatron in einer kleinen Schüssel verrühren und einen Moment ruhen lassen, während Sie die anderen Zutaten vorbereiten. Die Joghurtmischung geht ein wenig auf. In einer weiteren Schüssel Mehl, Kleie, gemahlene Pekannüsse, Backpulver, Vanillepulver und Salz vermengen. In einer großen Schüssel die Eier, den braunen Zucker, das Kokosöl, das Öl und den Johannisbrothonig 5 Minuten verquirlen. Abwechselnd die Mehlmischung und den Joghurt unter die Eiermasse mengen, mit dem Mehl beginnen und abschließen. Die Sultaninen unterrühren. Ein oder zwei Muffinbleche mit insgesamt 18 Vertiefungen mit Papierförmchen auslegen, den Teig etwa drei Viertel hoch einfüllen und im Ofen auf der mittleren Schiene 30 bis 35 Minuten backen. Die Stäbchenprobe machen: Wenn an einem hineingestochenen Holzstäbchen kein Teig mehr kleben bleibt, sind die Muffins fertig. Die Muffins 2 Minuten abkühlen lassen, aus den Förmchen lösen und auf einem Gitter vollständig auskühlen lassen.
Ergibt 18 Muffins

FRITTIERTE BULGURBÄLLCHEN MIT SCHWEINEFLEISCHFÜLLUNG

Κουπες

ZUTATEN

Für die Teighülle
2 Tassen feiner Bulgur
½ TL Salz
½ Tasse (ca. 60 g) Mehl
½ TL Zimtpulver
½ TL weißer Pfeffer aus der Mühle

Für die Füllung
2 EL Pinienkerne
3 EL Olivenöl
1 fein gehackte große Zwiebel
500 g mageres Schweinehackfleisch
½ Tasse gehackte Petersilie
2 EL fein gehackte Minze
½ TL gemahlener Kreuzkümmel
¾ TL Zimtpulver
1 Msp. gemahlener Piment
Salz und Pfeffer aus der Mühle
(Das Rezept ergibt etwa 1½ Tassen mehr als erforderlich. Der Rest lässt sich als Bällchen in der Pfanne gebraten auch so genießen.)

Außerdem
Öl zum Frittieren

Für die Teighülle den Bulgur und das Salz in einer großen Schüssel mit 375 ml kochendem Wasser übergießen. Mit Frischhaltefolie zudecken und 1½ bis 2 Stunden quellen lassen, bis der Bulgur das Wasser aufgenommen hat. Für die Füllung die Pinienkerne in einer kleinen Pfanne ohne Fett rösten und abkühlen lassen. Das Olivenöl in einer großen Pfanne erhitzen und die Zwiebel unter Rühren andünsten, bis sie weich ist. Das Hackfleisch dazugeben und krümelig braten, bis es durchgegart und der austretende Saft vollständig verkocht ist. Pinienkerne, Petersilie, Minze, Kreuzkümmel, Zimt und Piment unterrühren und mit Salz und Pfeffer würzen. Sobald der Bulgur für die Teighülle so weit ist, das Mehl, den Zimt und den weißen Pfeffer untermischen. Nun geht es an die *koupes*. Dazu die Handflächen mit etwas Wasser befeuchten und ein walnussgroßes Stück der Bulgurmasse aufnehmen. Falls die Masse etwas krümelig ist, noch ein wenig Wasser untermischen. Die Masse auf der Handfläche flach ausbreiten und die Hand ein wenig wölben, sodass eine Art Schälchen entsteht. Nun 1 TL der Füllung in das Schälchen geben. Noch ein wenig Bulgurmasse über das Hackfleisch ziehen und alles mit beiden Händen zu einem kompakten ovalen Bällchen formen. Die *koupes* gut zusammendrücken und versiegeln, damit sie beim Frittieren nicht zerfallen. Die fertigen *koupes* auf einen Teller legen. Eine große hohe Pfanne oder einen geeigneten Topf etwa 7 cm hoch mit Öl füllen und erhitzen. Die *koupes* nacheinander in das heiße Öl gleiten lassen und goldbraun frittieren. Ab und zu wenden, damit sie rundherum gleichmäßig bräunen. Mit dem Schaumlöffel herausheben und auf Küchenpapier abtropfen lassen.

Ergibt 27 *koupes*

SUPPEN, SALATE & KLEINE GERICHTE

Ohne eine Auswahl der vielen appetitlichen kleinen Gerichte, Salate und Beilagen, die man in diesem Land genießt, wäre kein Zypern-Kochbuch komplett.

Salate sind auf Zypern traditionell einfach gehalten, aber abwechslungsreich. Meine Familie würde vermutlich steif und fest behaupten, sie hätte kein Rezept für Salat. Als Salat gilt jedes saisonale Grünzeug oder Gemüse, das mit Olivenöl aus eigener Herstellung und Rotweinessig oder Zitronensaft gewürzt auf den Tisch kommt. Auch ich mache bis heute meinen Salat meist auf diese Weise an. Folglich wechseln die Salate mit den Jahreszeiten. Im Sommer ist es vielleicht eine große Schüssel Portulak mit Gurke und Minze, im Winter sind es junge Platterbsen oder eine regionale Kohlsorte mit Zitronensaft.

Suppen isst man auf Zypern vornehmlich nur in einer kurzen Phase vom Winter bis zum Frühlingsanfang. Sie haben meist den Charakter einer eigenständigen Mahlzeit.

Und dann gibt es da natürlich noch eine große Auswahl an Beilagen und kleinen snackähnlichen Gerichten, zu viele, um sie alle aufzuzählen. Meine Favoriten finden Sie auf den folgenden Seiten.

Tomaten-Feta-Salat

Dieser Salat wird in Tavernen gern als Vorspeise serviert, wenngleich ich ihn selbst auf andere Weise entdeckte. Ich habe ihn zum ersten Mal aus aromatischen Fleischtomaten bereitet, die ich auf einem Biomarkt in Limassol gekauft hatte. Entscheidend bei diesem simplen, aber schmackhaften Genuss ist die Kombination aus süßlichen Tomaten, dem herbwürzigen Aroma von wildem Oregano und gutem Balsamico. Wer möchte, kann den Salat zusätzlich mit Kapern *(kapari)* garnieren.

Portulaksalat („ΣΑΛΑΤΑ ΓΛΙΣΤΡΙΔΑ")

Dieser ist im Sommer einer meiner Favoriten unter Zyperns Salaten – einfach und erfrischend. Portulak sollte man so frisch wie irgend möglich genießen, die Blätter machen relativ schnell schlapp. Ergänzend kann man auch etwas Tomate und Kopfsalat hineingeben, schmeckt nicht weniger gut.

Wassermelone & Halloumi („ΚΑΡΠΟΥΖΙ ΚΑΙ ΧΑΛΟΥΜΙ")

Ob zum Frühstück oder als sommerlicher Nachmittagssnack, Wassermelone & Halloumi sind in meiner Familie eine feste Größe auf dem Tisch – nicht so sehr als Salat, sondern eher als vorsorgliche Option für zwischendurch, falls man plötzlich Appetit bekommt. Es ist kein Rezept im eigentlichen Sinne, lediglich eine süß-salzige Erfrischung, die man überall auf Zypern genießt. Doch trotz ihrer Schlichtheit hat sie ihren Platz in einem Zypern-Kochbuch verdient.

Kaktusfeigensalat

In Amargeti beobachte ich jeden Sommer, wie sich die Kaktusfeigen erst grün, dann rot und schließlich gelb färben. Auf Zypern isst man die gekühlten Früchte gern an einem heißen Sommermorgen zum Frühstück. Ich peppe sie gelegentlich mit Orangensaft und Limettenschale ein wenig auf. Für mich ist dieser Fruchtsalat ein willkommener Genuss, schon weil ich mich jedes Jahr in Geduld üben muss, bis ich ihn zubereiten kann, und weil ich weiß, wie tückisch es ist, die Früchte zu sammeln. Ich erinnere mich noch, wie sich früher meine Tanten mit einem langen Stock bewaffnet auf den Weg machten, an dessen Ende eine leere Büchse befestigt war, mit der sie die Kaktusfeigen vorsichtig einfingen, um sie anschließend – noch vorsichtiger – zu säubern. Wie die meisten Kinder musste ich Lehrgeld zahlen, weil ich die Feigen unbedingt mit bloßen Händen pflücken wollte – tun Sie es ja nicht! Das Dressing passt auch zu anderen Fruchtsalaten.

Tomatensuppe mit Kritharaki

Ich liebe die Tomaten auf Zypern und wenn es langsam kühler wird, bereite ich daraus oft eine Suppe zu, die ich gelegentlich auch zu gegrilltem Halloumi serviere.

Saure Weizenschrotsuppe mit Halloumi („ΤΡΑΧΑΝΑΣ")

Bei dieser Suppe scheiden sich die Geister – man liebt sie oder man hasst sie. Sie verströmt einen säuerlichen Geruch und übermäßig anziehend sieht sie auch nicht aus. Doch wenn man darüber hinwegsieht, entpuppt sie sich als ein wunderbarer Balsam, ähnlich wie Porridge, ein wohltuender Genuss, besonders im Winter. Es gibt regional kleine Unterschiede in der Zubereitung. Wir essen sie mit gewürfeltem Halloumi und etwas geriebener Tomate. Früher machten viele *trachanas,* eine Teigware aus geschrotetem Hartweizen, noch selbst. Heute bezieht man sie überwiegend aus dem Laden oder von den wenigen, die sie noch in Handarbeit herstellen. Man muss wissen, dass *trachanas* traditionell im Spätsommer gemacht wurde, weil die Milch bei durchschnittlich 35 bis 40 Grad Hitze und immer noch 25 Grad in der Küche schnell sauer wurde. Ich habe das Rezept *trachanas* zum Zweck der Bewahrung hinzugefügt, nicht zur Nachahmung. Die Suppe aber kann man problemlos nachkochen.

Bulgur-Pilaw mit Tomaten („ΠΑΗΓΟΥΡΙ")

Dies ist eine beliebte Beilage, die gern mit zyprischem Joghurt zu *keftedes* serviert wird (siehe S. 145). Manche bereiten sie mit Dosentomaten zu, ich bevorzuge reife frische Tomaten. Obwohl traditionell eine Beilage, kann man dieses Gericht durchaus auch mit Feta, Sardellen und Oliven zur Hauptmahlzeit ausbauen.

Halloumi & Anari („ΧΑΛΛΟΥΜΙ ΚΑΙ ΑΝΑΡΗ")

Halloumi ist ein nicht wegzudenkender Bestandteil der Küche Zyperns. In den vergangenen Jahren ist er auch außerhalb Zyperns zunehmend populär geworden. Meine Großmutter verkaufte stolz ihren selbst gemachten Halloumi, um etwas Geld dazuzuverdienen. Ich erinnere mich noch daran, wie sie in ihrem Dorf auf einem Stuhl saß, vor sich einen großen Topf, und den lieben langen Tag Halloumi machte. Dies ist für mich schon aus persönlichen Gründen ein kostbares Rezept, aber auch weil es für die Halloumi-Macher auf Zypern eigentlich unüblich ist, ihre Rezepte preiszugeben, schließlich wollen sie ihren Käse verkaufen. Wer es nicht bereits weiß: Frischer Halloumi ist sehr weich, nicht so gummiartig wie gekaufter, und wüssten mehr Menschen außerhalb Zyperns, wie er frisch schmeckt, wäre er noch beliebter als ohnehin schon! Dieses Rezept ist nicht zur Nachahmung gedacht, ich wollte es lediglich zum Zweck der Erhaltung niederschreiben.

Kartoffel-Zucchini-Pfanne mit Ei
(„ΠΑΤΑΤΕΣ ΜΕ ΑΥΓΑ")

Eines meiner liebsten zyprischen Wohlfühlgerichte sind tatsächlich Eier mit Kartoffeln. Es gibt auch ein Beilagengericht mit Eiern und Zucchini und hin und wieder mache ich aus beidem eins. Braten Sie die Zucchini zunächst in einer separaten Pfanne an, damit sie nicht durchweichen.

Bohnensuppe

Zypern bietet eine große Vielfalt an Gemüsegerichten, oft in Verbindung mit einer Tomatensauce, wir nennen diese Art der Zubereitung *yachni*. Diese Suppe knüpft daran an, ist aber kräftiger im Geschmack. Es sind mehr Zutaten darin und daher auch mehr Aromen vorhanden, dennoch ist es eher eine Suppe als ein Eintopf. Auf Zypern verwenden wir dafür *xegounia*-Bohnen – frische weiße Bohnenkerne, die noch nicht getrocknet sind. Ich bevorzuge tiefgefrorene Borlotti-Bohnen und genau die habe ich hier genommen.

Griechischer Joghurt mit Honig

Als ich auf Zypern für kurze Zeit als Anwältin arbeitete, war dies mein tägliches Frühstück. Honig und Joghurt von bester Qualität sind dabei das A und O – stimmt die Qualität, kann man praktisch nichts falsch machen, mit welcher Kombination aus Früchten und Nüssen auch immer.

Rotweinkartoffeln mit Koriander
(„ΠΑΤΑΤΕΣ ΑΝΤΙΝΑΧΤΕΣ")

Diese Kartoffeln sind auf Zypern ein Allerweltsgericht. Sie sind für mich so alltäglich, dass ich sie nie als etwas Spezielles oder besonders köstlich wahrgenommen habe. Für alle, die die Kombination aus Kartoffeln, Rotwein und Koriander noch nicht kennen, hält sie jedoch ein außergewöhnliches Geschmackserlebnis bereit – eine typisch zyprische und raffinierte Art, kleine Kartoffeln zu behandeln. Ihr Name bedeutet wörtlich „geschüttelte Kartoffeln". Traditionell rüttelte man nämlich den Topf, damit die Kartoffeln nach dem Frittierbad aufplatzten. Heute erledigt das bei mir gleich zu Anfang der Fleischklopfer.

TOMATEN-FETA-SALAT

ZUTATEN

6–8 vollreife fleischige Tomaten
½ rote Zwiebel
200 g Feta
1–2 EL bestes Olivenöl
1–2 EL bester Aceto Balsamico
Salz und Pfeffer aus der Mühle
getrockneter wilder Oregano

Die Tomaten waschen und in 5 mm dicke Scheiben schneiden, dabei die Stielansätze entfernen. Die Tomatenscheiben auf Tellern oder einer großen Platte anrichten. Die Zwiebel schälen und in Würfel schneiden. Den Feta zerkrümeln und mit den Zwiebelwürfeln auf den Tomaten verteilen, alles mit Olivenöl und Balsamico beträufeln und mit Salz und Pfeffer würzen. Vor dem Servieren mit getrocknetem Oregano bestreuen.

Für 2 bis 3 Personen

PORTULAKSALAT

Σαλατα γλιστρίδα

ZUTATEN

2 Tassen (1 kleines Bund) Portulak
1 Gärtnergurke (kleine Salatgurke)
½ TL getrocknete Minze
1 EL Rotweinessig
1½ EL Olivenöl
Salz

Den Portulak putzen, waschen und trocken schleudern. Die Gurke waschen und in dicke Scheiben schneiden. Portulak und Gurkenscheiben in einer großen Schüssel vermengen. Die Minze, den Rotweinessig und das Olivenöl hinzufügen, mit Salz würzen und sorgfältig mischen.
Für 2 Personen

WASSERMELONE & HALLOUMI

Καρπουζι και χαλουμι

ZUTATEN

Wassermelonenfruchtfleisch – so viel Sie möchten

Halloumi – so viel Sie möchten

Das Melonenfruchtfleisch in Stücke schneiden. Den Halloumi in Scheiben schneiden. Einfach Wassermelone und Halloumi in einer Schüssel oder auf einer Platte anrichten und genießen.

KAKTUSFEIGENSALAT

ZUTATEN

4 Kaktusfeigen
¼ Tasse (ca. 60 ml) frisch gepresster Orangensaft
½ TL Limettensaft
1 TL Zucker
Vanillepulver
1 EL gehackte Minze
abgeriebene Bio-Limettenschale

Die Kaktusfeigen putzen, schälen, vierteln und kühl stellen. In einer kleinen Schüssel den Orangensaft, den Limettensaft, den Zucker, 1 Prise Vanillepulver und die Minze verrühren, bis sich der Zucker aufgelöst hat. Die Kaktusfeigen in einer Schale anrichten und mit dem Dressing übergießen. Mit der Limettenschale bestreuen und servieren.

Für 2 Personen

TOMATENSUPPE MIT KRITHARAKI

ZUTATEN

1 EL Olivenöl
2 EL gesalzene Butter
1½ fein gehackte Schalotten
1 fein gehackte Knoblauchzehe
1 TL Mehl
1 TL Tomatenmark
2 Dosen gehackte Tomaten (à 400 g)
2 gewürfelte Tomaten
1 kleiner Zweig Thymian
1 Tasse (¼ l) Hühner- oder Gemüsebrühe
1 TL Zucker
⅓ Tasse gehacktes Basilikum
Salz und Pfeffer aus der Mühle
¼ Tasse *kritharaki* (Orzo-Pasta)
40 g Sahne oder griechischer Joghurt (nach Belieben)
Sahne oder Joghurt und Basilikum (nach Belieben) zum Garnieren

Das Olivenöl und die Butter in einem großen Topf bei mittlerer Temperatur erhitzen. Schalotten und Knoblauch darin andünsten, das Mehl einstreuen und unter Rühren 1 Minute anschwitzen. Tomatenmark, Dosentomaten, frische Tomaten, den Thymian und die Brühe hinzufügen. Den Zucker und das gehackte Basilikum unterrühren, mit Salz und Pfeffer würzen und bei schwacher Hitze 20 Minuten köcheln lassen. In einem weiteren Topf die *kritharaki* in kochendem Salzwasser nach Packungsanweisung bissfest garen. Die Suppe in den Standmixer gießen, Thymian entfernen und die Suppe fein pürieren. Zurück in den Topf gießen und nach Belieben mit Sahne oder griechischem Joghurt verfeinern – so wird sie etwas cremiger, sie schmeckt aber auch ohne gut. Die abgetropfte Pasta unterrühren, auf tiefen Tellern anrichten und vor dem Servieren mit einem Löffel Sahne oder Joghurt und nach Belieben mit frisch gehacktem Basilikum garnieren.

Für 4 Personen

SAURE WEIZENSCHROTSUPPE MIT HALLOUMI

Τραχανας

ZUTATEN

3 ½ l unpasteurisierte Ziegen- oder Schafsmilch
¾ Tasse Salz
300 g griechischer Joghurt
120–130 g grober Weizenschrot
1 Würfel Hühnerbrühe
2 EL gewürfelter Halloumi

Die Milch und das Salz in einem ausreichend großen Glas oder Behälter mit Deckel verrühren. Etwas Milch abnehmen und den Joghurt damit verdünnen. Die Mischung zurück in den Behälter gießen und umrühren, bis sich der Joghurt aufgelöst hat, mit dem Deckel verschließen. Den Behälter 6 Tage bei Raumtemperatur – auf Zypern bei etwa 25 °C – stehen lassen. Jeden Morgen den Deckel öffnen und die Mischung mit einem Holzlöffel durchrühren, anschließend wieder verschließen. Am siebten Tag die saure Milch in einen großen Topf gießen und bei mittlerer bis hoher Temperatur unter Rühren mit einem Holzlöffel erhitzen. Sobald die Milch aufkocht, den Weizenschrot dazugeben und die Hitze so regulieren, dass die Mischung nur leicht köchelt. Ständig weiterrühren, damit die Milch nicht ansetzt, bis der Schrot die Flüssigkeit aufgenommen hat und die Masse schließlich dick wird. Die *trachanas*-Masse ist fertig, wenn ein Holzlöffel aufrecht in der Mitte stehen bleibt. Die Masse 1 bis 2 Stunden abkühlen lassen, anschließend mit einem Tuch zudecken und 12 Stunden oder über Nacht stehen lassen. Dann mit den Händen durchkneten. Ist die Masse recht trocken, die Hände mit ein wenig Milch befeuchten, pasteurisierte Milch ist in Ordnung. Aus der Masse Dreiecke von 10 cm Kantenlänge formen, auf Backpapier legen und 8 bis 10 Tage in der Sonne vollständig trocknen lassen. Pro Portion 40 g *trachanas* über Nacht in einem Topf in 2 ½ Tassen (625 ml) Wasser einweichen. Am nächsten Tag den Hühnerbrühwürfel in die Mischung geben und etwa 40 Minuten bei schwacher Hitze köcheln lassen, bis eine cremige Suppe entstanden ist. Kurz vor dem Servieren den Halloumi unterrühren. Man muss *trachanas* nicht unbedingt einweichen, dafür verlängert sich jedoch die Kochzeit.

Ergibt 30 bis 40 Portionen (4 bis 5 *trachanas*-Dreiecke pro Person)

BULGUR-PILAW MIT TOMATEN

Πληγουρι

ZUTATEN

3 EL Olivenöl
90 g fein gehackte Schalotten
30 g Vermicellini
180 g feiner Bulgur
500 g pürierte Tomaten
Salz

Das Olivenöl in einem mittelgroßen Topf bei mittlerer Temperatur erhitzen und die Schalotten 1 Minute darin andünsten. Die Vermicellini dazugeben und weitere etwa 2 Minuten dünsten, bis die Nudeln milchig aussehen. Darauf achten, dass Schalotten und Vermicellini nicht verbrennen. Den Bulgur unterrühren, sodass die Körner gleichmäßig mit Olivenöl überzogen sind. Die pürierten Tomaten und ½ l Wasser dazugießen, mit Salz würzen und mit geschlossenem Deckel bei mittlerer Hitze garen. Ab und zu umrühren, damit die Mischung nicht ansetzt. Den Topf nach 10 Minuten vom Herd nehmen und den Pilaw durchrühren. Den Deckel wieder auflegen, noch 10 Minuten quellen lassen und servieren.
Für 2 bis 3 Personen

HALLOUMI & ANARI

Χαλλουμι και αναρη

ZUTATEN

6 l unpasteurisierte Schafs- oder Ziegenmilch
¼ TL Labferment in Pulverform
Salz
½ Tasse Meersalz

Ein wenig Milch mit dem Lab und ½ TL Salz verrühren. Die restliche Milch bis auf ¼ l in einem großen Topf lauwarm erwärmen. Vom Herd nehmen und die Labmischung einrühren. Den Topf mit einem Küchentuch zudecken und etwa 30 Minuten stehen lassen. Den Quark (Bruch), der sich an der Oberfläche zu bilden beginnt, mit sauberen Händen behutsam nach unten auf den Topfboden drücken. Mit beiden Händen 2 Tassen Quark abnehmen, über einem Topf in ein Käsesieb ausleeren und sanft etwas Molke herauspressen. Diesen Vorgang wiederholen – der Quark sollte für 5 Siebe reichen. Die abgetropfte Molke zurück in den Topf gießen. Den Quark nach 7 Minuten in seinem Sieb vorsichtig umdrehen und weitere 5 Minuten abtropfen lassen. Anschließend mit ¼ l kaltem Wasser übergießen und noch einmal 10 Minuten abtropfen lassen. Den Quark (Halloumi) zum Ruhen auf ein Blech umsetzen, abgetropfte Flüssigkeit zurück in den Topf gießen. Während der Halloumi ruht, den Anari zubereiten. Die im Topf verbliebene Molke erhitzen. Sobald sie heiß ist, die restliche Milch dazugießen und mit einem großen Holzlöffel behutsam umrühren. Nach 15 Minuten beginnt der Anari, sich an der Oberfläche abzusetzen. Die Hitze reduzieren und den Holzlöffel in der Topfmitte 5 Minuten hin und her bewegen. Den Anari mit dem Schaumlöffel herausheben, in einem Käsesieb über einem Topf abtropfen lassen. Die Hitze wieder erhöhen, den Halloumi hineingeben und unter behutsamem Rühren 20 Minuten garen. Sobald der Halloumi an die Oberfläche steigt, nicht mehr rühren und noch einmal 10 Minuten garen. Der Halloumi ist fertig, wenn er wie ein Schwamm aussieht und sich die Oberfläche wieder glättet, wenn man sie eindrückt. Den Halloumi herausheben, auf ein Blech legen und von beiden Seiten großzügig mit dem Meersalz einreiben. Die Halloumi-Scheiben einmal zusammenfalten und in ein sterilisiertes, fest verschließbares Gefäß füllen. Mit der Flüssigkeit aus dem Topf bedecken und im Kühlschrank lagern.

Ergibt 5 Halloumi und 1 Anari

KARTOFFEL-ZUCCHINI-PFANNE MIT EI

Πατατες με αυγα

ZUTATEN

2 mittelgroße Kartoffeln (ca. 350 g)
Öl
3 EL Olivenöl
1 ½ Tassen (ca. 150 g) entkernte, fein gewürfelte Zucchini
1 TL fein gehackter Rosmarin
4 Eier
Salz und Pfeffer aus der Mühle

Die Kartoffeln schälen und in 6 × 1 cm große Stäbchen schneiden. In einen mittelgroßen Topf etwa 1 cm hoch Öl einfüllen und bei mittlerer Temperatur erhitzen. Sobald es heiß ist, die Kartoffelstäbchen darin braten, bis sie goldbraun und durchgegart sind. Mit dem Schaumlöffel herausheben und auf Küchenpapier abtropfen lassen. In einer kleinen Pfanne das Olivenöl erhitzen und die Zucchini bei starker Hitze darin braten, bis sie leicht gebräunt sind. Die Kartoffeln und den Rosmarin unterrühren. Die Eier verquirlen, dazugießen, mit Salz und Pfeffer würzen und mit einem Holzlöffel behutsam umrühren, bis die Eiermasse leicht gestockt ist. Sofort servieren.

Für 2 Personen

BOHNENSUPPE

ZUTATEN

400 g tiefgekühlte Borlotti-Bohnen
1 Tasse fein gehackte Zwiebeln
1 Tasse fein gewürfelte Möhren
1 Tasse fein gewürfelter Staudensellerie
½ Tasse fein gewürfelter Fenchel
⅓ Tasse fein gehackter Dill
¼ Tasse fein gehacktes Fenchelkraut
¾ Tasse fein gewürfelte rote Paprikaschote
3 Tassen frische pürierte Tomaten
2 fein gehackte Knoblauchzehen
1 gewürfelte mittelgroße Kartoffel
⅓ Tasse (80 ml) Olivenöl
¾ EL Salz
¼ TL Zucker
¼ TL Pfeffer aus der Mühle
scharfe Chiliflocken

Die Bohnen in einem Topf mit 1 l Wasser bedecken und aufkochen. Sobald es kocht, das Wasser abgießen und durch 1½ l frisches Wasser ersetzen. Die Bohnen darin etwa 30 Minuten garen, anschließend die restlichen Zutaten dazugeben und weitere 35 bis 40 Minuten garen, bis sämtliches Gemüse weich ist. Mit Salz, Zucker, Pfeffer und Chili abschmecken.
Für 5 Personen

GRIECHISCHER JOGHURT MIT HONIG

ZUTATEN

1 EL Leinsamen, Sonnenblumen- und Kürbiskerne oder gehackte Nüsse nach Wahl
Früchte nach Wahl (z.B. Feigen oder Bananen)
3 große EL zyprischer oder griechischer Joghurt
1 EL Honig von bester Qualität
Zimtpulver

Die Kerne oder Nüsse in einer kleinen Pfanne ohne Fett rösten. Die Früchte je nach Sorte waschen bzw. schälen und klein schneiden. Den Joghurt in eine kleine Schale geben und die vorbereiteten Früchte dazugeben. Mit dem Honig beträufeln. 1 Prise Zimt und die Kerne oder die Nüsse darüberstreuen und servieren.
Für 1 Person

ROTWEINKARTOFFELN MIT KORIANDER

Πατατες αντιναχτες

ZUTATEN

1 kg kleine Kartoffeln
¾ l Öl zum Frittieren
2 EL Olivenöl
1 Tasse (125 ml) Rotwein
2 TL zerstoßene Koriandersamen
Salz und Pfeffer aus der Mühle

Die Kartoffeln waschen, trocken tupfen und mit einem Fleischklopfer behandeln, sodass sie aufplatzen. Das Öl in einer großen hohen Pfanne kräftig erhitzen. Sobald es heiß ist, die Kartoffeln hineingeben und mit geschlossenem Deckel frittieren, bis sie goldbraun und durchgegart sind. Herausheben und in eine Schüssel legen. Das Frittieröl ausleeren und das Olivenöl in die Pfanne träufeln. Die Kartoffeln wieder hineingeben und den Wein dazugießen. Den Wein bei leicht geöffnetem Deckel verkochen lassen. Die Kartoffeln mit dem Koriander sowie Salz und Pfeffer würzen, noch 2 bis 3 Minuten durchrühren und servieren.
Für 3 bis 4 Personen

HAUPT-
GERICHTE

5

Zyperns Hauptgerichte reichen von einfachem, saisonalem Gemüse bis zu gehaltvollen Fleischspeisen, die von Haus zu Haus und Region zu Region jeweils ein wenig anders zubereitet werden. In den meisten Familien wird die Hauptmahlzeit mittags eingenommen und zum Abend nur etwas Leichtes gegessen. Es sei denn, man geht abends zum Essen aus, was meist gegen 9 Uhr geschieht, also eine späte Angelegenheit ist – genügend Zeit, um nach dem Mittagessen Appetit zu bekommen!

Ob in unserem Garten oder auf den örtlichen Märkten, ich finde immer irgendetwas, das mich auf eine Idee bringt und zum Kochen anregt. Ich hoffe, auch Sie stoßen auf den folgenden Seiten auf viele appetitmachende Anregungen.

Feta-Ricotta-Ravioli („ΡΑΒΙΟΛΕΣ")
Diese Ravioli zählen zu meinen Favoriten aus der Rubrik „Seelenfutter" und ich bin sicher, vielen anderen geht es genauso. Traditionell werden sie mit Halloumi gefüllt, doch mir schmeckt diese Version mit Feta nicht weniger gut, wenn nicht sogar besser. Ich mache immer gleich eine extragroße Portion und friere den Überschuss ein, für den Fall, dass schnell mal etwas Wohltuendes hermuss. Servieren Sie die Ravioli mit reichlich geriebenem Anari- oder Myzithra-Käse – oder einfach mit Ihrer Lieblingssauce, damit liegen Sie immer richtig.

Pikant gefüllte Zucchiniblüten („ΑΝΘΟΥΣ")
Dies ist einer meiner Favoriten unter den traditionellen Gerichten, ein häufiger Genuss im Sommer, wenn es Zucchiniblüten in Hülle und Fülle gibt. In der Saison bereiten wir es praktisch jede Woche zu. Obwohl die Blüten mit Reis gefüllt werden, ist es absolut kein schweres Essen. Es schmeckt äußerst fein und ist eine clevere Art, den sommerlichen Reichtum an Zucchiniblüten zu nutzen.

Artischocken und Erbsen mit Dill
Im Frühling fahre ich gern mit meinen Tanten aufs Dorf, um auf dem Feld Artischocken zu ernten. Da kommt einiges zusammen. Ich liebe dieses Gericht, es vereint all die wunderbaren Frühlingsgenüsse, die Zypern im April und Mai zu bieten hat – frischen Dill, Zitronen und Artischocken. Es verschlingt eine ganze Menge Öl, das sollte Sie aber nicht abschrecken, das Gemüse schmeckt köstlich. Ein Hochgenuss als vegetarisches Hauptgericht mit einem Stückchen Brot zum Auftunken der Sauce.

In Weißwein geschmorter Oktopus („ΧΤΑΠΟΔΙ ΚΡΑΣΑΤΟ")
Als ich nach Zypern zog, hatte ich keine Ahnung, wie man Oktopus zubereitet, also fragte ich meinen Freund Athos, ob seine Großmutter es mir vielleicht zeigen könnte, die noch oft für die Familie kocht. Sie nimmt am liebsten tiefgekühlten Oktopus, weil das Resultat zarter wird. Ich kaufe Oktopus beim Fischhändler, der ihn für mich gleich küchenfertig vorbereitet. Bei Tiefkühlware sollte man sich vergewissern, dass sie sachgerecht gesäubert wurde.

Frittierter Tintenfisch („ΚΑΛΑΜΑΡΙ")
Dies bestelle ich immer in der Fischtaverne. Ohne frittierten Tintenfisch wäre ein Essen in der Fischtaverne irgendwie nicht komplett. Schauen Sie für dieses Rezept nach kleinen Kalmaren, sie kommen dem am nächsten, was die Menschen auf Zypern

essen. Tiefgekühlten Tintenfisch sollte man nach dem Auftauen eine Stunde in Milch legen, damit er zarter wird. Anschließend trocken tupfen und wie im Rezept beschrieben fortfahren. Das Säubern überlasse ich meinem Fischhändler.

Pasta mit Hähnchen und Anari („ΜΑΚΑΡΟΝΙΑ ΜΕ ΑΝΑΡΗ")

Ein klassisch zyprisches Wohlfühlessen. Es ist so simpel, wie es klingt, und der Geschmack genauso wohltuend, wie man ihn sich bei einem Trio aus Hühnerbrühe, Pasta und geriebenem Käse vorstellt. Bei uns kommt dafür ein halbes Huhn in den Topf, da wir mindestens drei oder vier Esser sind. Für zwei Personen genügen zwei Hähnchenschenkel.

Gefülltes Gemüse („ΓΕΜΙΣΤΑ")

Dieses Gericht bereite ich im Sommer zu, wenn das entsprechende Gemüse gerade Saison hat. Es ist unglaublich lecker und macht auch eine große Runde satt. Zwar braucht es etwas Zeit, doch bleibt immer ein Rest übrig, der auch am nächsten Tag noch Freude macht. Ich verwende zum Füllen italienischen Arborio-Reis, er nimmt die Sauce gut auf und macht die Angelegenheit noch schmackhafter.

Pastitsio (zyprische Lasagne) („ΠΑΣΤΙΤΣΙΟ")

Bei jeder festlichen Zusammenkunft gibt es ein großes Blech *pastitsio,* Zyperns Antwort auf die Lasagne. Bei uns zu Hause ist meine Tante dafür zuständig und dies ist ihr Rezept. In einigen Gegenden der Insel wird *pastitsio* mit Tomaten zubereitet, wir lassen sie aber weg.

In Wein geschmortes Kaninchen („ΚΟΥΝΕΛΙ ΣΤΙΦΑΔΟ")

Lange Zeit hatte meine Mutter mir weismachen wollen, das sei Hähnchen da auf meinem Teller, und ich glaubte ihr noch, als ich schon über 20 war. Noch mit 24 schwor ich meiner Cousine, dass meine Mutter *stifado* anders zubereite, nämlich mit Hähnchen statt Kaninchen. Falsch, es war ein Bluff, damit sie sicher sein konnte, dass ihre Kinder es auch aßen. Dieses Rezept stammt von meinem Freund Antonis, es war die erste Mahlzeit in meinem neuen Zuhause und es brachte sofort Wärme in die Bude. Schmeckt hervorragend.

Frische Schwarzaugenbohnen mit Thunfisch („ΛΟΥΒΙΑ")

Dies ist ein typisches Alltagsgericht im Sommer und es ist sehr leicht und gesund. Man serviert es oft mit Thunfisch-Pickles. Wer keine frischen Schwarzaugenbohnen bekommt, kann auch zu getrockneten Bohnen greifen – die Methode ist dieselbe, getrocknete Bohnen benötigen lediglich etwas länger, bevor der Mangold dazukommt.

Zyprische Linsen („ΦΑΚΕΣ")

Diese Linsen kommen auf Zypern häufig auf den Tisch. Es ist ein einfaches herzhaftes Gericht, dazu ideal, wenn man aus religiösen Gründen fastet. Ich bereite es gern zu, wenn ich spät nach Hause komme und Appetit auf eine schnelle warme Mahlzeit habe. Kleine Anmerkung: Ich verwende mehr Zwiebeln, als es das Rezept traditionell verlangt, sie sind für mich die Hauptattraktion. Schneiden Sie die Zwiebeln alle in der gleichen Größe zu, damit nicht ein Teil verbrennt. Linsen und Reis sollte man nicht

übergaren, sonst wird die Angelegenheit etwas breiig. Dazu passt ein Klecks griechischer Joghurt.

Schweinefleischbällchen („ΚΕΦΤΕΔΕΣ")

Fragen Sie Zyprer nach ihrer Leibspeise, lautet die Antwort nicht selten Mutters Schweinefleischbällchen *(keftedes)* mit Bulgur-Pilaw mit Tomaten (Seite 99) und einem großzügigen Klecks Joghurt. Die Kombination zieht immer.

Zucchiniküchlein („ΚΟΛΟΚΥΘΟΚΕΦΤΕΔΕΣ")

Jedes Mal, wenn ich mir überlege, was ich für meine vegetarischen Freunde in Zypern kochen soll, fällt mir dieses Rezept ein. In Zypern werden diese Zucchiniküchlein meist frittiert, ich backe sie lieber. Sie sind so lecker, dass sowohl Vegetarier, als auch Nicht-Vegetarier rundum zufrieden sind.

Zyprische Souvlaki („ΣΟΥΒΛΑΚΙ")

Unsere Souvlaki unterscheiden sich von den traditionellen „griechischen Souvlaki". Das Pita-Brot ist größer und dünner und wird randvoll mit Salat gefüllt, dazu gibt es optional gelbe Pickles oder Tsatsiki obendrauf. Man kann auch „gemischten" Souvlaki bestellen, bei dem noch *sheftalia,* eine zyprische Wurst, hinzukommt. In unserer Familie wird sie aus Brät gemacht und in ein Schweinenetz gewickelt. Sie schmeckt köstlich, die Zubereitung ist allerdings nicht ganz einfach, daher habe ich das Rezept weggelassen. Dieses Rezept hilft mir aus der Klemme, wenn mich außerhalb Zyperns der Souvlaki-Appetit überkommt. Wer keinen Grill hat, kann das Fleisch auch braten, schmeckt genauso gut.

FETA-RICOTTA-RAVIOLI

Ραβιολες

ZUTATEN

Für den Teig
4 Tassen (ca. 480 g) Mehl
Salz
3 große Eier

Für die Füllung
600 g fein geriebener Ricotta
200 g fein geriebener Feta
1 EL getrocknete Minze
2 große Eier
Salz

Außerdem
Hühnerbrühe zum Garen
geriebener Anari-Hartkäse (ersatzweise Myzithra)

Für den Teig das Mehl mit 1 Prise Salz mischen, auf der Arbeitsfläche zu einem Kreis häufen und in der Mitte eine kleine Mulde hineindrücken. Die Eier hineinschlagen und mit einer Gabel nach und nach unter das Mehl ziehen, bis sie gebunden sind. Langsam etwa 1 Tasse (¼ l) Wasser dazugießen und alles zu einem festen Teig verarbeiten, je nach Bedarf evtl. etwas weniger oder mehr Wasser nehmen. Den Teig 10 Minuten kneten, bis er glatt und geschmeidig ist. Mit Frischhaltefolie oder einem Küchentuch zudecken und 45 Minuten ruhen lassen. Für die Füllung den Ricotta, den Feta, die Minze und die Eier mischen und nach Geschmack mit Salz würzen. Den Teig nach dem Ruhen stückweise hauchdünn ausrollen und Kreise von etwa 10 cm Durchmesser ausstechen. Jeweils 1 TL der Käsefüllung in die Mitte setzen und den Rand des halben Umfangs mit etwas Wasser bestreichen. Den Teig über die Füllung schlagen und den Rand zum Versiegeln mit den Zinken einer Gabel andrücken. Die Ravioli in der kochenden Brühe 5 Minuten garen. Großzügig mit geriebenem Anari-Käse bestreuen und servieren.
Ergibt 100 Ravioli

PIKANT GEFÜLLTE ZUCCHINIBLÜTEN

Ανθους

ZUTATEN

50–60 Zucchiniblüten
2 Tassen Langkornreis
1 Tasse fein gehackte Zwiebeln
½ Tasse fein gehackte Petersilie
¼ Tasse fein gehackte Minze
2 EL fein gehacktes Basilikum
1 ¼ Tassen geriebene Tomaten
¾ EL Salz
½ TL Pfeffer aus der Mühle
⅓ Tasse Pinienkerne
½ Tasse (125 ml) Olivenöl
Zimtpulver

Die Zucchiniblüten in eine große Schüssel kaltes Wasser legen, behutsam waschen und von grünen Stielen befreien. In einer weiteren Schüssel Reis, Zwiebeln, Petersilie, Minze, Basilikum, Tomaten, Pinienkerne, Salz, Pfeffer, ¼ Tasse (ca. 60 ml) Olivenöl und 1 Prise Zimt mischen. Die Zucchiniblüten mit je etwa 1 TL der Masse füllen, sodass sie nicht ganz bis zur Öffnung des Kelchs reicht – damit der Reis quellen kann, andernfalls platzen die Blüten. Zum Verschließen die Enden der Blütenblätter nach innen über die Füllung falten. Das restliche Olivenöl in einen großen Topf gießen. Die gefüllten Zucchiniblüten kreisförmig dicht an dicht hineinlegen. Ist der Boden vollständig bedeckt, exakt in der gleichen Weise eine zweite Lage einschichten. Sind alle Blüten im Topf, einen großen Teller umgedreht einlegen und etwa 3 Tassen (¾ l) Wasser angießen – es sollte die oberste Schicht Blüten zur Hälfte bedecken; evtl. mit mehr Wasser auffüllen. Die gefüllten Zucchiniblüten bei mittlerer Hitze 20 bis 25 Minuten garen, bis sämtliches Wasser verkocht ist.

Für 5 bis 6 Personen

ARTISCHOCKEN UND ERBSEN MIT DILL

ZUTATEN

Saft von ½ Zitrone
2 Artischocken
¾ Tasse (180 ml) Olivenöl
100 g gehackte Frühlingszwiebeln (1 ½ Tassen)
½ Tasse (30 g) gehackter Dill
2 Tassen tiefgekühlte Erbsen
Salz und Pfeffer aus der Mühle

In einer kleinen Schüssel ½ l Wasser mit dem Zitronensaft vermengen. Die Artischocken von den Stielen und rundherum von den harten äußeren Blättern befreien, bis das zarte hellgrüne Herz zum Vorschein kommt. Das „Heu" in der Mitte entfernen, die Artischocken in je 6 Spalten schneiden und sofort in das Zitronenwasser legen, damit sie nicht braun werden. Das Olivenöl in einem mittelgroßen Topf erhitzen und die Frühlingszwiebeln bei schwacher bis starker Hitze andünsten, bis sie weich sind. Die Artischocken dazugeben und weitere 2 Minuten anbraten, das Zitronenwasser nicht weggießen. Den Dill und die Erbsen untermischen und so viel Zitronenwasser dazugießen, dass das Gemüse fast bedeckt ist. Den Deckel auflegen und 30 bis 40 Minuten köcheln lassen, bis die Artischocken weich sind und die Flüssigkeit eingekocht ist. Gegen Ende der Garzeit mit Salz und Pfeffer würzen.

Für 2 Personen

IN ROTWEIN GESCHMORTER OKTOPUS

Χταποδι κρασατο

ZUTATEN

900 g gesäuberter Oktopus (in ca. 6 cm langen Stücken)
220 g geriebene Tomaten (etwa 2 große Tomaten)
25 g Tomatenmark
¾ TL Zucker
2 kleine gewürfelte Zwiebeln (ca. 150 g)
2 ½ EL Öl
2 ½ EL Olivenöl
½ Zimtstange (4 cm)
5 Gewürznelken
1 Lorbeerblatt
¾ Tasse (180 ml) trockener Rotwein
2 ½ EL Rotweinessig
Salz und Pfeffer aus der Mühle

Die Oktopusstücke in einen Topf geben, so viel Wasser dazugeben, dass der Oktopus bedeckt ist. Nicht salzen und mit geschlossenem Deckel bei mittlerer Hitze etwa 30 Minuten garen, bis sich das Wasser violett färbt. Nur sparsam rühren. Die Tomaten, das Tomatenmark und den Zucker in einer kleinen Schüssel verrühren und beiseitestellen. Das Wasser aus dem Topf in eine Schüssel abgießen und den Topf mit dem Oktopus bei mittlerer Hitze wieder auf den Herd stellen. Zwiebeln, Öl und Olivenöl, Zimtstange, Nelken und Lorbeerblatt hinzufügen und leicht anbraten. Den Rotwein, den Essig und die Tomatenmischung dazugießen und aufkochen. Die Hitze reduzieren, ¼ l des Kochwassers wieder hinzufügen und etwa 1 Stunde köcheln lassen, bis die Flüssigkeit zu einer sämigen Sauce eingekocht und der Oktopus zart ist. Nach der Hälfte der Zeit weitere ¼ l Kochwasser oder Wasser dazugießen. Gegen Ende der Garzeit mit Salz und Pfeffer würzen.
Für 3 Personen

FRITTIERTER TINTENFISCH

Καλαμαρι

ZUTATEN

500 g kleine Kalmare
Olivenöl zum Frittieren
Mehl
Salz und Pfeffer aus der Mühle
getrockneter Oregano
Zitronenspalten

Die Kalmare säubern – am besten Sie bitten Ihren Fischhändler, das zu erledigen –, gründlich waschen und in 6 cm große Stücke schneiden. Mit Küchenpapier sorgfältig trocken tupfen. Einen Topf 2 ½ bis 3 cm hoch mit Olivenöl füllen und stark erhitzen. Sobald das Öl heiß ist, die Tintenfischstücke in Mehl wenden, sodass sie rundherum gut bedeckt sind. Immer einige Stücke auf einmal in das Öl geben und 2 bis 3 Minuten goldgelb frittieren. Mit dem Schaumlöffel herausheben und auf Küchenpapier abtropfen lassen. Mit Salz und Pfeffer würzen. Mit Oregano bestreuen und mit Zitronenspalten sofort servieren.

Für 2 Personen

PASTA MIT HÄHNCHEN UND ANARI

Μακαρονια με αναρη

ZUTATEN

½ Hähnchen
Salz
traditionelle zyprische Pasta oder andere Pasta nach Wahl (für 3–4 Personen)
Zitronenhälften (pro Person ½ Zitrone)
geriebener Anari-Hartkäse (ersatzweise Myzithra)

Das Hähnchen in kochendem Salzwasser garen, bis es zart ist. Herausnehmen und in einer Schüssel abkühlen lassen. Anschließend die Pasta in der Hühnerbrühe nach Packungsanweisung bissfest garen. Herausheben und in eine Schüssel geben. Das Hähnchenfleisch ablösen, in mundgerechte Stücke zerpflücken und in einer Schüssel anrichten, sodass sich jeder selbst bedienen kann. Die Pasta auf Teller verteilen und mit dem Hähnchenfleisch und der Brühe servieren. Jeder nimmt nun so viel Fleisch und Brühe, wie er oder sie mag. Das Hähnchen großzügig mit Zitronensaft beträufeln und alles mit geriebenem Anari bestreuen.
Für 3 bis 4 Personen

GEFÜLLTES GEMÜSE

Γεμιστα

ZUTATEN

2 kleine Zucchini
4 saftige reife Tomaten
2 große Paprikaschoten (Farbe spielt keine Rolle)
½ l passierte Tomaten
1 TL zerstoßene rote Chiliflocken
1 TL Zucker, plus Zucker zum Bestreuen
Salz und Pfeffer aus der Mühle
2 Zwiebeln
8 EL Olivenöl
1 gehackte kleine Zwiebel
3 fein gewürfelte Knoblauchzehen
75 g Pinienkerne
3 EL fein gewürfelte gelbe Paprikaschote
1 Tasse Arborio-Reis
3 EL gehackte glatte Petersilie
1½ EL Butter
griechischer Joghurt zum Servieren

Zucchini, Tomaten und Paprika waschen. Von den Zucchini, den Tomaten und den Paprikaschoten mit einem scharfen Messer einen „Deckel" abschneiden und das Gemüse mit einem Kugelausstecher oder dem Messer aushöhlen, eine äußere Schicht mit der Schale sollte jedoch intakt bleiben; die Deckel zur Seite legen. Das Fruchtfleisch der Tomaten im Mixer pürieren, das der Zucchini wird nicht benötigt. Die passierten Tomaten, die Chiliflocken und den Zucker untermixen und mit Salz und Pfeffer würzen. Die Zwiebeln schälen und längs (vom Stiel zum Wurzelansatz) eine schmale Spalte herausschneiden. In einem Topf Wasser aufkochen und die Zwiebeln darin garen, bis sie weich sind. Den Herd ausschalten und die Zwiebeln in dem Wasser abkühlen lassen. Den Backofen auf 160 °C vorheizen. In einer Pfanne 4 EL Olivenöl erhitzen und die gehackte Zwiebel mit dem Knoblauch, den Pinienkernen und den Paprikawürfeln unter Rühren weich dünsten. Die Hälfte der Tomatenmischung dazugießen, aufkochen und den Reis unterrühren. Falls nötig, nochmals mit Salz und Pfeffer würzen und 10 bis 12 Minuten garen, bis der Reis einen Teil der Flüssigkeit aufgenommen hat.

Falls die Masse zu trocken ist, noch ¾ Tasse (180 ml) des Zwiebelwassers dazugießen. Vom Herd nehmen und die Petersilie unterziehen. Die ausgehöhlten Tomaten, Zucchini und Paprikaschoten von innen mit etwas Salz würzen, etwa ⅔ hoch mit der Reismischung füllen und die Deckel wieder aufsetzen. Die gegarten Zwiebeln vorsichtig in ihre einzelnen Häute zerteilen und ebenfalls mit Reis füllen, die Häute fest um die Füllung wickeln, sodass sie nicht herausfallen kann. Das gefüllte Gemüse in eine große ofenfeste Form setzen, mit dem restlichen Olivenöl beträufeln und mit etwas Salz würzen. Die Tomaten mit etwas Zucker bestreuen. Die Butter in Flöckchen auf dem Gemüse verteilen und vorsichtig 2 Tassen (½ l) Flüssigkeit angießen – eine Mischung aus dem Rest Tomatensauce und dem Zwiebelwasser. Das Gemüse im Ofen auf der mittleren Schiene 1½ Stunden garen, bis es weich und leicht gebräunt und die Sauce ein wenig eingedickt ist. Das Gemüse zwischendurch drei- oder viermal mit der Sauce überziehen, evtl. noch etwas Zwiebelwasser dazugießen, falls sie zu dick wird. Mit einem Klecks Joghurt servieren.

Ergibt ca. 10 gefüllte Gemüse

PASTITSIO (ZYPRISCHE LASAGNE)

ZUTATEN

Für die Füllung
315 g Mezzani-Pasta oder eine andere dicke lange Pastasorte (z.B. Makkaroni)
Hühnerbrühe
Olivenöl
700 g Schweinehackfleisch
20 g gewürfelte Zwiebel
35 g gehackte Petersilie
¾ TL Zimtpulver
3 EL Öl
2 TL Salz
50 g geriebener Anari (ersatzweise Myzithra)
Öl für die Form
50 g Weißbrotbrösel

Für die Béchamelsauce
1 ½ Tassen (375 ml) Öl
2 ½ Tassen (ca. 300 g) traditionelles zyprisches „Dorfmehl" (ersatzweise Weizenmehl Type 550)
1 l Milch
1 ¼ Tassen (310 ml) Hühnerbrühe vom Garen der Pasta
1 großes Ei
10 g geriebener Anari (ersatzweise Myzithra)

Für die Füllung Pasta in der Brühe bissfest garen. In ein Sieb abgießen und abtropfen lassen, dabei die Brühe auffangen. Pasta mit etwas Olivenöl mischen. Fleisch, Zwiebel, Petersilie und Zimt im Öl in einer Pfanne bei starker Hitze gar braten und salzen. In ein Sieb geben und gut abtropfen lassen. Für die Béchamelsauce Öl und Mehl in einem Topf verrühren und bei mittlerer Hitze unter Rühren 2 Minuten anschwitzen. Nach und nach unter ständigem Rühren ¾ l Milch und Brühe dazugießen. Ei verquirlen und unterrühren. Die Mischung unter Rühren aufkochen und dabei restliche Milch und Anari einarbeiten. Sobald die Sauce dick ist, vom Herd nehmen. Backofen auf 160 °C vorheizen. Boden einer rechteckigen ofenfesten Form mit Öl einfetten und mit 20 g Bröseln bestreuen. Zwei Drittel der Pasta darauf verteilen und mit 30 g Anari bestreuen. Hackfleisch gleichmäßig darauf verteilen und mit einer dünnen Schicht Sauce bedecken. Restliche Zutaten darüberschichten (zuerst Pasta, dann Anari, Sauce und zuletzt Brösel) und auf der mittleren Schiene 1 Stunde goldbraun backen. 20 Minuten abkühlen lassen und servieren.

Für 12 Personen

IN WEIN GESCHMORTES KANINCHEN

Κουνελι στιφαδο

ZUTATEN

4 EL Olivenöl
1 Kaninchen ohne Kopf und Innereien (ca. 735 g; in Stücken)
35 längliche geschälte ganze Schalotten
1 Zimtstange
1 gehäufter TL Pfefferkörner
¼ TL gemahlener Kreuzkümmel
2 Tassen (½ l) Rotwein
¼ Tasse (60 ml) Rotweinessig
35 g Tomatenmark
3 Lorbeerblätter
Salz und Pfeffer aus der Mühle

Außerdem
gegarte Pasta zum Servieren
geriebener Anari-Hartkäse zum Bestreuen (ersatzweise Myzithra)

In einem großen Schmortopf 3 EL Olivenöl erhitzen und die Kaninchenstücke darin rundum anbraten, bis sie von allen Seiten leicht gebräunt sind. Herausnehmen und auf einen Teller legen. Das restliche Olivenöl in den Topf geben und die Schalotten darin goldbraun anbraten. Die Kaninchenstücke wieder dazugeben, Zimtstange, Pfefferkörner, Kreuzkümmel, Rotwein, Essig, Tomatenmark, Lorbeerblätter und ¼ l Wasser hinzufügen, den Deckel nicht ganz auflegen und aufkochen. Mit Salz und Pfeffer würzen. Die Hitze etwas reduzieren und das Kaninchen etwa 1 Stunde schmoren, bis sich das Fleisch mühelos vom Knochen lösen lässt und die Sauce sämig ist. Mit Pasta und geriebenem Anari servieren.
Für 4 Personen

FRISCHE SCHWARZAUGEN-BOHNEN MIT THUNFISCH

Λουβια

ZUTATEN

Für das Gemüse
750 g frische Schwarzaugenbohnen (ergibt etwa 350 g ungeschälte Bohnen und 150 g ausgelöste Bohnenkerne)
325 g Zucchini
Saft von ½ Zitrone

Für die Thunfischpickles
1 Dose Thunfisch (160 g abgetropft)
3 EL fein gehackte Petersilie
⅓ Tasse fein gewürfelte Frühlingszwiebeln
¼ Tasse fein gewürfelter Staudensellerie
2 EL fein gehackte Essiggurken

Außerdem
3 EL Olivenöl
3 EL frisch gepresster Zitronensaft
Salz

Für das Gemüse die Enden der frischen Bohnen kappen. Leuchtend grüne Schoten in etwa 6 cm lange Stücke brechen, bei hellgrünen Schoten die Bohnenkerne herauslösen und die leeren Hülsen wegwerfen. Das Verhältnis zwischen ungeschälten und geschälten Bohnen ist letztlich egal, ich nehme lieber etwas mehr ungeschälte als geschälte Bohnen. Die Zucchini putzen, waschen, längs halbieren, entkernen und in 2 cm dicke Scheiben schneiden. In einem großen Topf Wasser aufkochen. Die Bohnen hineingeben, den Deckel auflegen und bei mittlerer Hitze 20 Minuten garen. Die Zucchinistücke hinzufügen und weitere 10 bis 15 Minuten köcheln lassen, bis das Gemüse gar ist. Den Herd ausschalten, den Zitronensaft dazugeben und bis zum Servieren im Wasser stehen lassen. Das Wasser vor dem Servieren abgießen. Für die Thunfischpickles sämtliche Zutaten in einer Schüssel vermengen. Bohnen und Zucchini auf Tellern anrichten, mit etwas Olivenöl und Zitronensaft beträufeln, mit Salz würzen und mit einigen Löffeln Thunfischpickles garnieren.

Für 3 Personen

ZYPRISCHE LINSEN

Φακες

ZUTATEN

2 kleine Zwiebeln (ca. 180 g)
2 ½ EL Olivenöl
½ Tasse kleine grüne Linsen
¼ Tasse Parboiled-Reis
Salz und Pfeffer aus der Mühle

Die Zwiebeln schälen, halbieren und in ca. 5 mm dicke Streifen schneiden. Das Olivenöl in einer großen Pfanne erhitzen. Die Zwiebeln bei schwacher Hitze darin etwa 15 Minuten braten, bis sie weich, gebräunt und leicht karamellisiert sind. Darauf achten, dass sie nicht verbrennen. Den Herd ausschalten und die Zwiebeln in der Pfanne stehen lassen. Die Linsen in einem Topf mit 1 ½ Tassen (375 ml) Wasser bedecken und bei mittlerer Hitze auf den Herd stellen. Den Deckel nicht ganz auflegen und die Linsen etwa 10 Minuten köcheln lassen, bis sie halb gar sind. Den Reis und 1 weitere Tasse (¼ l) Wasser dazugeben, mit Salz und Pfeffer würzen und mit geschlossenem Deckel weitere 10 bis 15 Minuten garen, sodass Reis und Linsen noch etwas Biss haben. Ab und zu umrühren, damit der Reis nicht ansetzt. Den Herd ausschalten und Reis und Linsen zugedeckt noch 5 Minuten quellen lassen. Die gebratenen Zwiebeln untermischen und nach Belieben mit griechischem Joghurt servieren.

Für 2 Personen

SCHWEINEFLEISCHBÄLLCHEN

Κεφτεδες

ZUTATEN

Für die Fleischbällchen
2 Kartoffeln (ca. 260 g nach dem Schälen)
250 g Schweinehackfleisch
250 g Rinderhackfleisch
¾ Tasse fein gehackte Zwiebeln
½ Tasse fein gehackte Petersilie
2 Eier
¼ Tasse Weißbrotbrösel
2 EL Olivenöl
¾ TL getrocknete Minze
¼ TL Pfeffer aus der Mühle
¾ TL Salz oder nach Geschmack
Zimtpulver

Außerdem
2 Tassen (½ l) Olivenöl zum Frittieren

Für die Fleischbällchen die Kartoffeln schälen, fein reiben und gut ausdrücken. Mit sämtlichen Zutaten in einer großen Schüssel sorgfältig mischen. Die Masse zu ovalen Bällchen (à etwa 6 × 3 cm) formen. Das Olivenöl in einem großen Topf erhitzen. Sobald es heiß ist, so viele Fleischbällchen hineingeben, dass der Topfboden bedeckt ist, und die Fleischbällchen mindestens 2 Minuten frittieren, ohne sie zu bewegen. Anschließend nach und nach wenden, bis sie rundum gut gebräunt sind. Insgesamt benötigen sie 6 bis 7 Minuten. Die fertig gegarten *keftedes* herausheben und auf Küchenpapier abtropfen lassen. Den Vorgang wiederholen, bis alle Fleischbällchen fertig sind.
Ergibt 30 bis 35 Stück

ZYPRISCHE SOUVLAKI

Σουβλακι

ZUTATEN

1 Hähnchenbrustfilet und 1 Hähnchenoberschenkel (ca. 470 g; ausgelöst und ohne Haut)
3 Knoblauchzehen
1 kleine Zwiebel
3 EL Olivenöl
1 TL getrockneter Oregano
etwas Weißkohl, Tomate und Gurke
¾ TL Salz
Pfeffer aus der Mühle
1 großes Pita-Brot
gehackte Petersilie
frisch gepresster Zitronensaft

Das Hähnchenfleisch waschen, trocken tupfen und in Würfel schneiden. Den Knoblauch schälen und in feine Scheiben schneiden. Die Zwiebel schälen und in Streifen schneiden. Die Hähnchenstücke in einer Schüssel mit Knoblauch, Zwiebel, Olivenöl und Oregano mischen und 30 bis 60 Minuten marinieren. Inzwischen den Weißkohl, die Tomate und die Gurke putzen, waschen und klein schneiden. Das Hähnchenfleisch kurz vor dem Grillen mit Salz und Pfeffer würzen. Auf dem heißen Grill (oder in der Pfanne) durchgaren. Das Pita-Brot toasten. Die Hähnchenstücke mit dem Gemüse und der Petersilie in das Brot füllen. Mit etwas Zitronensaft beträufeln und nach Belieben mit 1 Klecks Tsatsiki (siehe S. 163) servieren.
Für 2 Personen

ZUCCHINIKÜCHLEIN

Κολοκυθοκεφτεδες

ZUTATEN

Für die Küchlein
1 Tasse fein gewürfelte Zwiebeln
3 EL Olivenöl
3–4 Zucchini
Salz
½ Tasse gehackte Petersilie
2 EL gehackte Minze
2 EL gehackter Dill
1 EL gehacktes Basilikum
3 EL Weißbrotbrösel
2 Eier
1 Tasse geriebener Feta
½ Tasse geriebener Kefalotyri (griechischer Hartkäse; ersatzweise ein anderer würziger Hartkäse)
¼ Tasse geriebener Pecorino
Pfeffer aus der Mühle

Außerdem
1 Tasse Weißbrotbrösel zum Panieren
Olivenöl zum Beträufeln

Den Backofengrill einschalten. Ein Backblech mit Backpapier belegen. Für die Küchlein die Zwiebeln in einer Pfanne im Olivenöl andünsten. Die Zucchini putzen, waschen und in ein großes Sieb raspeln, mit etwas Salz bestreuen und mindestens 10 Minuten ziehen lassen. Anschließend so viel Flüssigkeit wie möglich auspressen und die Zucchiniraspel in eine große Schüssel umfüllen (es sollten 6 Tassen Zucchiniraspel sein). Die restlichen Zutaten, bis auf den Pfeffer, und die angedünsteten Zwiebeln hinzufügen. Alles gleichmäßig vermischen und mit Pfeffer würzen. Die Masse zu runden Küchlein (à etwa 10 × 1 cm) formen und in den Weißbrotbröseln wenden, sodass sie von beiden Seiten gleichmäßig bedeckt sind. Auf das Blech legen, mit etwas Olivenöl beträufeln und im Ofen auf der mittleren Schiene 20 Minuten goldbraun grillen. Die Küchlein wenden und auf der anderen Seite 10 Minuten grillen.

Ergibt 12 große Küchlein

EINGE-
LEGTES,
DIPS &
EXTRAS

Glauben Sie nicht, dieses Kapitel sei weniger wichtig als die anderen, nur weil es mit „Extras" betitelt ist. Man kann die Bedeutung dieser Gerichte und Rezepte innerhalb der zyprischen Esskultur gar nicht genug herausstellen, nach vielen werde ich immer wieder in meinem Blog gefragt. Kurz gesagt: Diese Rezepte sind so einzigartig, dass sie ein eigenes Kapitel verdienen, statt sie umständlich irgendwo anders unterzubringen.

In Zypern steht immer irgendeine Kleinigkeit auf dem Küchentisch, die dazu einlädt, sich zu setzen und zu naschen. Und genauso stehen Gläser und Flaschen mit allerlei Köstlichkeiten in der Speisekammer, die nur darauf warten, aufgetischt oder zu allen möglichen Gerichten verarbeitet zu werden. Hier finden Sie eine Auswahl dieser Genüsse.

Orangenblütenwasser („ΑΝΘΟΝΕΡΟ")

Zypern-Reisende erzählen gern, die Insel habe einen ganz eigenen Geruch. Mit den Jahren habe ich herausgefunden, dass sie im Frühling nach Orangenblüten duftet. Ein herrlicher Duft, der überall in der Luft zu liegen scheint und sich sogar in Flaschen abfüllen lässt, wenn man sich auf die Herstellung von Orangenblütenwasser versteht. Bei uns in Kanada steht noch immer eine Flasche selbst gemachtes Orangenblütenwasser im Kühlschrank, das meine Großtante vor mehr als zehn Jahren destillierte. Immer wenn ich die Flasche öffne, versetzt mich das Aroma augenblicklich nach Zypern. Orangenblüten sammelt man am besten frühmorgens, wenn sie die Sonne noch nicht berührt hat und ihr Duft besonders aromatisch ist. Dieses Rezept dient dem Zweck der Erhaltung, nicht der Nachahmung. Ich habe dafür einen alten Destillationskolben verwendet, der mit Wasser gefüllt und über einer Gasflamme erhitzt wird.

Eingelegte Kaperntriebe („ΚΑΠΑΡΗ")

Im Frühling gehe ich mit meiner Familie gern in die Berge, um junge Kaperntriebe zu sammeln. Kapern wachsen bevorzugt in den Spalten steiler Felswände. Sie müssten mal sehen, wie ich mich über die Felsvorsprünge strecke, mit einer Hand den Stock meiner Großmutter haltend, am anderen Ende meine Tanten, damit ich nicht in die Schlucht stürze. Das Ergebnis sind eingelegte Kaperntriebe, die Salaten und Hauptgerichten Extrawürze verleihen. In den meisten Ländern findet man lediglich die eingelegten Kapernknospen – die Triebe und Blätter schmecken aber viel besser! Dieses Rezept ist nicht so sehr zur Nachahmung gedacht, es dient vielmehr der Bewahrung.

Tsatsiki (Gurken-Knoblauch-Dip) („ΤΖΑΤΖΙΚΙ")

Es gibt so viele Dips auf Zypern, dass mir die Auswahl für dieses Buch richtig schwerfiel. Am Ende habe ich mich für Tsatsiki entschieden – diesen Dip mache ich am häufigsten. Er taucht bei einigen anderen Rezepten auf, er schmeckt aber auch schlicht zu frischem Gemüse.

Zerstoßene Oliven mit Koriander („ΕΛΙΕΣ ΤΣΑΚΙΣΤΕΣ")

Im Herbst tragen die Olivenbäume schwer an ihren großen grünen Früchten. Kurz bevor sie sich braun zu färben beginnen, ernten wir die größten und fleischigsten unter ihnen (von der Vielzahl der auf Zypern beheimateten Ölbäume). Dann sitzen wir auf der Veranda meiner Tante und behandeln die Oli-

ven mit Steinen, sodass sie aufplatzen, ohne aber den Stein darin zu zertrümmern. Daher der Name „zerstoßene Oliven". Sie erfreuen sich überall auf Zypern großer Beliebtheit, ein kleines Schälchen davon findet sich auf jedem Küchen- oder Tavernentisch der Insel. Eine Mahlzeit ohne ein paar dieser Oliven ist für mich kein richtiges Essen.

Mispelkonfitüre („ΜΑΡΜΕΛΑΔΑ ΜΟΣΦΙΛΟ")
Ich frage die Menschen auf Zypern gern nach ihrer Lieblingsspeise. Die Antwort *mosphila* habe ich so oft gehört, dass ich es einfach ausprobieren musste. Und jetzt verstehe ich, warum es die Lieblingsleckerei so vieler Leute ist: Es erinnert an Karamell, Äpfel und den Duft von Zitronengeranien.

ORANGENBLÜTENWASSER

Ανθονερο

ZUTATEN

11 Tassen Orangenblüten

3 junge Sevilla-Orangenblätter

Nach der Bedienungsanleitung des Destilliergeräts vorgehen: 1¾ l Wasser einfüllen und auf niedrigster Stufe erhitzen. Die Orangenblüten und die Blätter dazugeben. Nach etwa 20 Minuten beginnt das Destillat aus dem Kühlrohr zu tropfen, diese Tropfen in einer sterilisierten Flasche auffangen. Den Prozess so lange fortsetzen, bis Sie etwa ¾ l Orangenblütenwasser haben, nicht länger, da das Aroma mit zunehmender Dauer immer schwächer wird. Die Flasche verschließen und für 2 Tage an einen sonnigen Platz stellen; anschließend an einem dunklen Ort lagern. Keine Sorge, wenn das Orangenblütenwasser zunächst etwas zurückhaltend riecht, der Duft wird mit der Zeit immer intensiver.

Ergibt ¾ l Orangenblütenwasser. Benötigt wird ein Destilliergerät.

EINGELEGTE KAPERNTRIEBE

Καπαρη

ZUTATEN

junge Kaperntriebe (von Dornen befreit, die Stiele ca. 10 bis 15 cm lang)
1 gehäufter TL Salz pro 7 Kapernstiele
Rotweinessig

Die Kaperntriebe in einem unverschlossenen Einmachglas mit Wasser bedecken und 4 Tage an einem dunklen Ort lagern. Das Wasser am vierten Tag ausleeren und durch frisches ersetzen. Weitere 4 Tage stehen lassen, bis sich die Triebe dunkelgrün gefärbt haben. Am achten Tag die Kaperntriebe unter fließendem Wasser gründlich abbrausen, in einem Sieb mit der entsprechenden Menge Salz bestreuen und 10 Minuten stehen lassen. In ein Einmachglas abfüllen, mit Rotweinessig bedecken und fest verschließen. Wenn sie zu Salat serviert werden, die Kaperntriebe mit etwas Olivenöl beträufeln.

Ergibt: je nach Sammelausbeute

TSATSIKI (GURKEN-KNOBLAUCH-DIP)

Τζατζικι

ZUTATEN

3 Knoblauchzehen
1 EL Olivenöl
1 Tasse fein geriebene Salatgurke
Salz
500 g griechischer Joghurt
1 TL getrocknete Minze
1 EL frisch gepresster Zitronensaft
Pfeffer aus der Mühle

Den Knoblauch schälen und fein reiben. Mit dem Olivenöl in einer mittelgroßen Schüssel verrühren. Die geriebene Gurke in einem Sieb mit ¼ TL Salz bestreuen, 15 Minuten ziehen lassen und anschließend gründlich ausdrücken. Gurke, Joghurt, Minze und den Zitronensaft zum Knoblauch-Öl in die Schüssel geben und mit Salz und Pfeffer würzen. Alles gut vermischen. Falls der Tsatsiki etwas dünn ist, noch etwas Joghurt unterrühren.

ZERSTOSSENE OLIVEN MIT KORIANDER

Ελιες τσακιστες

ZUTATEN

1 gehäufte Tasse frische grüne Oliven (am besten im Oktober auf Zypern geerntet, kurz bevor sie sich braun färben)

Für die Lake
¼ Tasse Salz
2 EL frisch gepresster Zitronensaft
Olivenöl zum Auffüllen

Für das Dressing (pro Tasse Oliven)
2 fein gehackte Knoblauchzehen
2 TL frisch gepresster Zitronensaft
1 TL zerstoßene Koriandersamen
2 EL Olivenöl
1 dünne Bio-Zitronenscheibe (in kleinen Stücken)

Die grünen Oliven mit einem geeigneten Stein oder einem Fleischklopfer behandeln, sodass sie aufplatzen; jedoch nicht die Steine zerstoßen. Die Oliven in einem Einmachglas mit Wasser bedecken, verschließen und 8 Tage stehen lassen. Das Wasser alle 2 Tage erneuern (um die Bitterstoffe auszuschwemmen). Am neunten Tag die Oliven gründlich abspülen. In einem weiteren Glas die Lake vorbereiten: Für die Lake das Salz, den Zitronensaft und ½ l Wasser verrühren, bis sich das Salz aufgelöst hat. Die Oliven hineingeben, sehr weiche Früchte aussortieren. Zum Versiegeln mit etwas Olivenöl bedecken, sodass keine Luft herankommt, und verschließen. Nach 1 Woche sind die Oliven verzehrfertig. Mit dem Schaumlöffel die gewünschte Menge entnehmen, abspülen und in ein kleines Schälchen geben. Die Dressingzutaten unter die Oliven mischen und servieren.

MISPELKONFITÜRE

Μαρμελαδα μοσφιλο

ZUTATEN

1 kg essbare Früchte des Azaroldorns, auch Welsche Mispel genannt (*moshpilla* auf Zypern)
6 Tassen (ca. 1,2 kg) Zucker
2 EL und 1 TL frisch gepresster Zitronensaft
2–3 große Blütenblätter der Rosengeranie (à 4 × 5 cm)

Den Azaroldorn in einem großen Topf mit 5 l Wasser bedecken, aufkochen und 2 Stunden garen. Dabei die Früchte mit einem Löffel zerdrücken, damit sie ihren Saft und das enthaltene Pektin abgeben. Die Flüssigkeit einkochen, bis noch etwa 1½ l übrig sind. Die Früchte mit einem Schaumlöffel herausheben und wegwerfen. Den Saft durch ein feines Sieb in eine Schüssel abseihen und anschließend zurück in den Topf gießen. Den Zucker, den Zitronensaft und die Blütenblätter dazugeben, aufkochen und bei schwacher Hitze köcheln lassen. Ab und zu umrühren, damit sich der Zucker auflöst. Nach 10 Minuten die Blütenblätter wieder herausnehmen und den Sud weitere 45 Minuten köcheln lassen, bis der Gelierpunkt erreicht ist. Vom Herd nehmen und 1 bis 2 Minuten abkühlen lassen. In ein sterilisiertes Einmachglas abfüllen und nach dem Erkalten fest verschließen.

Ergibt 1 Glas Konfitüre

SÜSS-
SPEISEN,
KUCHEN
& GEBÄCK

In Zypern beschließt man eine Mahlzeit gewöhnlich schlicht mit Früchten der Jahreszeit, süßen Wassermelonen im Sommer, saftigen Clementinen im Winter, rosaroten Granatäpfeln im Herbst und Erdbeeren im Frühling. Doch davon mal abgesehen, gibt es eine große Auswahl an traditionellen Süßspeisen und Kuchen. Man serviert sie zum Nachmittagskaffee oder nach einem üppigen Essen. Manche Desserts bereite ich nur zu besonderen Anlässen zu, andere begleiten mich das ganze Jahr hindurch. Ich bin eine Naschkatze und es fiel mir nicht leicht, dieses Kapitel zu beschränken. Immerhin sind meine Top-Favoriten dabei, traditionelle wie moderne.

Halloumi-Napfkuchen mit Minze

Halloumi und Minze harmonieren so gut, dass ich ständig nach neuen Wegen suche, sie zu kombinieren. Meine Tante macht dies in ihrem Teekuchen und die ganze Familie liebt ihn. Ich fand das Rezept immer ein bisschen ungewöhnlich, aber es bleibt nie ein Stück übrig, also scheint es zu funktionieren!

Baklava mit Pistazien („ΜΠΑΚΛΑΒΑΣ")

Bei Baklava bin ich äußerst wählerisch. Ich mag es nicht zu süß. Es muss ein buttriges Aroma mit einer Spur Süße haben und der Filoteig muss knusprig sein. Diese Version mit Pistazien statt Mandeln nennt man auf Zypern „libanesisches Baklava". Das Rezept hat mir netterweise Popi Mina anvertraut, sie macht das beste Baklava, das ich je probiert habe. Statt zerlassener Butter können Sie auch Butterschmalz verwenden, mit normaler Butter geht es schlicht einfacher. Dieses Baklava hat genau das richtige Maß an Süße, buttrigem Schmelz und knusprig-blättrigem Biss – perfekt.

Mandelmakronen („ΕΡΓΟΛΑΒΟΙ")

Diese Makronen reicht man in Zypern auf einer Taufe traditionell den Gästen als kleine Gabe. Sie sind jedoch so gut, dass man sie auch ohne festlichen Anlass genießen sollte. Ich jedenfalls backe sie, wann immer mir danach ist. Am besten schmecken sie frisch und noch warm aus dem Ofen. Andernfalls kann man sie luftdicht verpackt drei bis vier Tage aufbewahren. Sie werden dabei etwas fester, was dem Geschmack aber keinen Abbruch tut!

Osterplätzchen

Dieses Gebäck wird auf Zypern traditionell zum griechisch-orthodoxen Osterfest aufgetischt. Kekse, wie geschaffen zum Eintunken in Kaffee oder Tee.

Marmorkuchen („ΚΕΙΚ ΓΕΩΓΡΑΦΙΑΣ")

Diesen Kuchen habe ich als Kind geliebt. Meine Tante backte ihn immer zur Begrüßung nach unserer langen Anreise aus Kanada. Wie viele Male bin ich aufgewacht und es gab diesen Kuchen zum Frühstück. Er ist perfekt zum Tee oder Kaffee und ganz einfach zu backen. Statt Kokosöl können Sie auch Pflanzenöl nehmen; ich bevorzuge Kokosöl.

Traubengelee („ΠΠΑΛΟΥΖΕΣ")

Traubengelee *(palouzes)* ist eine traditionelle zyprische Süßspeise, die man während der Traubenlese zubereitet. Das Gelee erinnert in der Konsistenz an Wackelpudding und schmeckt süß und cremig mit einem Hauch von Vanille oder Orangenblüte, am besten genießt man es warm. Meine Tante kocht jeden Herbst einen großen Schwung davon und alle kommen zusammen, um zu helfen. Es ist eines der Rezepte, die man heutzutage kaum noch zubereitet.

Es ist auch der erste und schwierigste Schritt bei der Herstellung von *sousoukos*, einem zyprischen Konfekt: aufgefädelte Mandeln, die in *palouzes* getaucht und dann getrocknet werden. Ich habe das Rezept zum Zweck der Erhaltung, nicht zur Nachahmung beigefügt. Es verlangt nach einer Zutat namens *asprochoma* – wörtlich „weiße Erde" –, eine Art weißer Kalkstein, den man in den Bergen Zyperns findet. Er löst eine chemische Reaktion aus, durch die das Gelee klar und einen Tick süßer wird. Ich kenne Leute, denen auch ohne *asprochoma* ein köstliches Traubengelee gelingt.

Süß eingelegte Walnüsse („ΓΛΥΚΟ ΚΑΡΥΔΑΚΙ„)

Das Wort *glyko* bedeutet wortwörtlich „süß". *Glyko* wird mit Kaffee oder nach dem Essen serviert. Es kann aus verschiedenem Obst, Gemüse und Nüssen gemacht werden (z.B. Wassermelonenschale, Feigen, Baby-Sevilla-Orangen, Baby-Auberginen, Baby-Karotten, jungen Walnüssen, Bergamotteschale, Mandeln). Die Zubereitung variiert je nach Obst- oder Gemüsesorte. Meine Lieblingsvariante ist Walnuss-*Glyko*. Sie können es nur mit jungen Walnüssen, deren Schalen noch nicht geformt sind, herstellen. Die Schlämmkreide wird verwendet, um die Walnüsse knackig zu halten. Arbeiten Sie extrem vorsichtig damit. Sie muss später komplett abgespült werden. Wenn Sie wollen, können Sie sie einfach weglassen, d.h., Ihre eingelegten Walnüsse werden nicht so knackig.

Apfelbaiserkuchen

Ein wirklich spektakulärer Kuchen, optisch wie im Geschmack. Man sollte ihn sofort servieren, sonst wird das Baiser weich. Nach ein oder zwei Tagen im Kühlschrank schmeckt er zwar immer noch gut, nur hat das Baiser eben ein wenig nachgelassen.

Mosaikkuchen („ΔΟΥΚΙΣΣΑ")

Dies ist eines der ersten Rezepte, das ich ausprobiert habe. Obwohl der Kuchen keine besondere Tradition hat, erinnert er mich immer an Zypern. Man findet ihn in vielen Cafés und Bäckereien der Insel und serviert ihn gern als Nachspeise bei großen Familienfesten. Der Kuchen geht ganz einfach und kann sich wirklich schmecken lassen.

Schokoladen-Granatapfel-Kuchen

Im Herbst sind Granatäpfel auf Zypern allgegenwärtig. Wir haben einen Granatapfelbaum im Dorf, er bringt so viele Früchte hervor, dass ich sie oft für Kuchen und Gebäck verwende.

Weihnachtsgebäck („ΚΟΥΡΑΜΠΙΕΔΕΣ")

In meiner Familie gibt es kein Weihnachten ohne dieses Gebäck und *melomakarona* (siehe Seite 215). Ich würde es als zyprisches Shortbread bezeichnen – es schmeckt gleichzeitig buttrig und nussig. Ich mag mein Shortbread immer extranussig.

Neujahrskuchen (Orangenkuchen mit Weinbrand) („ΒΑΣΙΛΟΠΙΤΑ")

Zum Neujahrsfest backen die Zyprer jedes Jahr eine *vasilopita* und wer in seinem Stück eine darin versteckte Münze findet, dem winkt das Glück im kommenden Jahr. Vor dem Anschneiden zeichnet man ein Kreuz auf den Kuchen. Ich weiß, es ist ein Festtagskuchen, aber ich esse ihn so gern, dass ich ihn meist mehr als einmal im Jahr backe.

Schokoladen-Erdbeer-Tarte

Dies ist das erste Rezept, das ich für meine Rezeptkolumne realisiert habe, und mein erstes, das es auf die Titelseite eines Magazins geschafft hat. Es geht ganz einfach und die Tarte schmeckt unverschämt gut. Vermutlich eines meiner liebsten Desserts aller Zeiten.

Granatapfel-Baiser-Torte

Ich backe für mein Leben gern Baisertorte, gefüllt mit was immer an Früchten gerade Saison hat und mit frischer Schlagsahne. Als ich an diesem Buch arbeitete, waren bei uns im Dorf gerade die Granatäpfel reif, da führte an einer Granatapfel-Pavlova kein Weg vorbei.

Pflaumentarte mit Rosenwasser

In Zypern gibt es eine Region, die Agros heißt und sehr bekannt für ihr Rosenwasser ist. Als die Pflaumen Saison hatten, habe ich mich eines Tages dazu entschieden, die Kombination Rosenwasser mit Pflaumen auszuprobieren. Das Ergebnis ist diese fantastische und absolute leckere Tarte.

Johannisbrotkuchen

Meiner Meinung nach wird Johannisbrotsirup völlig unterschätzt. Er ist nicht bloß ein Schokoladenersatz, zumal er auch nicht im Entferntesten nach Schokolade schmeckt. Mich erinnert er eher an Toffee, Karamell und sogar an Datteln. Richtig eingesetzt, kann der Sirup ein Gericht vollkommen verwandeln. Achten Sie auf die richtige Blechgröße, der Teig enthält keine Eier und geht auf einem kleineren Blech oder in einer tiefen Form nicht auf. Der Kuchen wird Ihre Küche mit einem wundervollen Duft erfüllen – und mit Leuten, die unbedingt ein Stück davon wollen.

Reispudding mit Rosengeranien („ΡΙΖΟΓΑΛΟ")

Rosengeranien sieht man auf Zypern häufig. Was ich lange Zeit nicht wusste: Man verwendet sie für zahlreiche traditionelle Süßspeisen wie eingelegte Kirschen, Konfitüre oder Traubengelee. Seit ich weiß, dass die Blüten essbar sind, setze ich sie auch für andere Rezepte ein, z.B. für Reispudding. Es gibt viele Varianten von Reispudding. Bei uns zu Hause handelte es sich dabei schlicht um in Milch gekochten Reis mit Zimt und Honig darauf. Ich war nie ein großer Fan dieses eher schmucklosen Nachtischs, doch mit ein paar Extrazutaten mauserte er sich zu einem meiner Favoriten. Wo ich auch bin auf der Welt, mindestens eine Rosengeranie leistet mir immer Gesellschaft. Und wenn ich Sehnsucht nach Zypern verspüre, schneide ich einfach ein paar Blütenblätter ab und erfreue mich an ihrem Duft. Ein äußerst erfrischendes, sommerliches Dessert.

Aprikosenschnittchen („ΠΑΣΤΑ ΦΛΩΡΑ")

Es ist eigenartig: Auf Zypern gerät bei diesen kleinen, mit Marmelade gefüllten Schnittchen kaum einer aus dem Häuschen. Wenn ich sie aber im Ausland backe, finden sie alle zum Anbeißen gut! Man kann sie auch mit anderer Konfitüre zubereiten.

Honig-Nuss-Plätzchen („ΜΕΛΟΜΑΚΑΡΟΝΑ")

Ich liebe diese Kekse. Sie sind so wunderbar nussig und honigsüß. Als Kind konnte ich es kaum erwarten, bis sie aus dem Ofen kamen. Dann stahl sich immer reihum die ganze Familie ins Wohnzimmer, um einen weiteren Keks aus der Dose zu stibitzen. Kein Weihnachten ohne diese Plätzchen!

HALLOUMI-NAPFKUCHEN MIT MINZE

ZUTATEN

Butter und Mehl für die Form
5 Eier
3 Tassen (ca. 360 g) Mehl
1 EL Backpulver
1 Tasse (¼ l) Sonnenblumenöl
1 Tasse (¼ l) Milch
⅔ Tasse geriebener Kefalotyri (ersatzweise anderer würziger Hartkäse)
1 ¼ Tassen geriebener Halloumi
1 gehäufter EL getrocknete Minze

Eine Kranz- oder Gugelhupfform (22 cm Durchmesser) mit Butter einfetten und mit Mehl ausstäuben. Den Backofen auf 160 °C vorheizen. Die Eier trennen. Die Eiweiße steif schlagen, bis weiche Spitzen stehen bleiben. Das Mehl und das Backpulver in einer mittelgroßen Schüssel mischen. In einer großen Schüssel die Eigelbe und das Öl 2 Minuten verschlagen. Nach und nach das Mehl, dann die Milch und anschließend den Eischnee einarbeiten. Zuletzt den Käse und die Minze unterziehen. Den Teig in die vorbereitete Form füllen und im Ofen auf der mittleren Schiene 50 bis 60 Minuten backen. Die Stäbchenprobe machen: Wenn an einem hineingestochenen Holzstäbchen kein Teig mehr kleben bleibt, ist der Kuchen fertig.

BAKLAVA MIT PISTAZIEN

Μπακλαβας

ZUTATEN

1 ½ Tassen (ca. 300 g) Zucker
2 TL frisch gepresster Zitronensaft
abgeriebene Schale von 1 Bio-Zitrone
6 EL Honig
270 g grob gehackte Pistazien

32 Blätter Filoteig (etwa 30 × 23 cm)
250 g Butter

Außerdem
gemahlene Pistazien zum Bestreuen

In einem kleinen Topf 1 ½ Tassen (375 ml) Wasser, den Zucker sowie Zitronensaft und -schale und den Honig bei starker Hitze aufkochen und gegebenenfalls abschäumen. Die Mischung köcheln lassen, bis sie zu einem glänzenden, leicht sämigen Sirup eingekocht ist, das dauert 10 bis 15 Minuten – der Sirup sollte gleichmäßig vom Löffel tropfen. Vor der Weiterverarbeitung vollständig abkühlen lassen. Den Backofen auf 170 °C vorheizen. Die Pistazien in 5 Portionen teilen. Den Boden einer ofenfesten Form (30 × 23 × 4 cm) mit 6 Blättern Filoteig auslegen. Darauf eine Portion Pistazien verstreuen, auch die Ecken berücksichtigen, mit 5 weiteren Teigblättern bedecken und auch diese mit Pistazien bestreuen. Diesen Vorgang noch dreimal wiederholen und zuoberst mit 6 Teigblättern abschließen. Das Baklava mit einem Pizzarad oder einem scharfen Messer in etwa 4 × 3 cm große Rechtecke schneiden – 49 Stücke insgesamt. Die Butter in einem kleinen Topf zerlassen und gleichmäßig über das Baklava gießen, darauf achten, dass sie auch in die Einschnitte sickert. Mit 1 EL Wasser beträufeln und im Ofen auf der mittleren Schiene 1 ½ Stunden backen. Die Form regelmäßig drehen, damit das Baklava gleichmäßig durchbackt. Sobald nach etwa 20 Minuten das Fett in der Form siedet, die Temperatur auf 160 °C reduzieren und nach weiteren 20 Minuten auf 90 °C reduzieren. Nach weiteren 40 Minuten die Temperatur für die letzten 10 Minuten noch einmal auf 150 °C erhöhen. Das Baklava herausnehmen und sofort mit dem erkalteten Sirup übergießen. Mit gemahlenen Pistazien bestreuen und servieren.

Ergibt 49 Stücke

MANDELMAKRONEN

Εργολαβοι

ZUTATEN

¾ Tasse grob gehackte blanchierte Mandeln
270 g gemahlene Mandeln
165 g extrafeiner Zucker
35 g Puderzucker
abgeriebene Schale von 1 Bio-Orange
1 TL Mandelextrakt
2 große Eiweiß

Den Backofen auf 175 °C vorheizen. Ein Backblech mit Backpapier belegen. Die gehackten Mandeln in einer flachen Schale beiseitestellen. In einer großen Schüssel die gemahlenen Mandeln, den Zucker und den Puderzucker mischen. Die Orangenschale, den Mandelextrakt und die Eiweiße dazugeben und alles zu einem festen Teig verarbeiten. Etwas Teig abnehmen und zu einer Rolle von etwa 9 cm Länge und 2 cm Durchmesser formen. Die Finger evtl. mit etwas Wasser befeuchten, damit sich der Teig leichter rollen lässt. Die Teigrolle in den gehackten Mandeln wenden, zu einem Halbmond formen und auf das vorbereitete Blech legen. Auf diese Weise den restlichen Teig rollen und formen. Die Makronen im Ofen auf der mittleren Schiene 15 Minuten goldgelb backen.

Ergibt 25 bis 30 Stück

OSTERPLÄTZCHEN

Κουλουρακια

ZUTATEN

Für den Teig
1 Tasse (ca. 200 g) Zucker
1 Tasse Butter
2 EL ungehärtetes Pflanzenfett
4 Eier (raumtemperiert)
1 TL Vanilleextrakt
570 g Mehl
4 TL Backpulver

Außerdem
2 Eigelb

Den Backofen auf 175 °C vorheizen. Ein Backblech mit Backpapier belegen. Für den Teig den Zucker, die Butter und das Pflanzenfett in einer großen Schüssel schaumig schlagen. Die Eier trennen. Einzeln nacheinander die Eigelbe in die Buttercreme einarbeiten und den Vanilleextrakt unterrühren. In einer weiteren Schüssel das Mehl mit dem Backpulver mischen. Die Eiweiße zu steifem Schnee schlagen. In kleinen Mengen abwechselnd den Eischnee und die Mehlmischung unter die Buttercreme ziehen und alles mit den Händen zu einem weichen Teig verarbeiten. Evtl. zur Bindung 1 zusätzlichen EL Mehl untermischen. Teigstücke abnehmen und zu 1 cm dicken Strängen von 20 cm Länge rollen. Die Teigstränge einmal zusammenlegen und die Enden ineinander verdrehen, sodass eine Art Schlinge entsteht. Die Eigelbe verquirlen. Die *koulourakia* auf das Blech legen und mit den verquirlten Eigelben bestreichen. Im Ofen auf der mittleren Schiene 25 bis 27 Minuten goldbraun backen.
Ergibt etwa 70 Stück

MARMORKUCHEN

Κεικ γεωγραφιας

ZUTATEN

Butter und Mehl für die Form
500 g Mehl
1 EL Backpulver
370 g Zucker
115 g Butter
½ Tasse (125 ml) Kokosöl
5 Eier
¼ TL Vanillepulver
1 Tasse (¼ l) Milch
3 EL Kakaopulver

Den Backofen auf 175 °C vorheizen. Eine Gugelhupfform (22 cm Durchmesser) mit Butter einfetten und mit Mehl ausstäuben. Das Mehl und das Backpulver in einer Schüssel mischen. In einer weiteren Schüssel den Zucker, die Butter und das Öl hellgelb und schaumig schlagen. Einzeln die Eier hineinschlagen und jedes Ei sorgfältig einarbeiten. Das Vanillepulver untermischen. Abwechselnd nach und nach das Mehl und die Milch unterrühren; mit dem Mehl beginnen und abschließen. Den Teig halbieren und unter die eine Hälfte das Kakaopulver heben. Abwechselnd hellen und dunklen Teig in die vorbereitete Form schöpfen und mit einem Spieß durch den Teig fahren, sodass ein Marmoreffekt entsteht. Den Marmorkuchen im Ofen auf der mittleren Schiene 40 bis 45 Minuten backen. In der Form 5 Minuten abkühlen lassen, stürzen und vor dem Servieren vollständig auskühlen lassen.

TRAUBENGELEE

Ππαλουζες

ZUTATEN

ca. 1 kg Xynisteri-Trauben oder andere weiße Weintrauben
knapp ¼ TL *asprochoma* („weiße Erde")
70 g Mehl
3 kleine Blütenblätter der Rosengeranie
½ TL Orangenblütenwasser

Die Trauben waschen, gut abtropfen lassen und auspressen. 875 ml Saft abmessen, durch ein Sieb in einen Topf gießen und aufkochen. Den sich oben absetzenden Schaum abschöpfen. Sobald der Saft den Siedepunkt erreicht, den *asprochoma* hineingeben und weitere 5 Minuten regelmäßig abschäumen. Die Mischung 10 Minuten abkühlen lassen, dabei sinkt die „weiße Erde" auf den Topfboden. Den Saft bis auf den weißen Satz am Boden in einen anderen Topf umgießen, 1 Tasse (¼ l) abnehmen und in einer Schüssel mit dem Mehl gründlich verrühren, sodass keine Klümpchen verbleiben. Den verbliebenen Saft im Topf mit den Blütenblättern bei mittlerer Hitze erneut aufkochen. Sobald er aufwallt, die Blütenblätter wieder herausnehmen, die Mehlmischung durch ein Sieb dazugießen und dabei kräftig rühren. Sobald die Mischung wieder aufkocht, ¼ TL Orangenblütenwasser hinzufügen und weiterrühren. Wenn die Mischung etwa 10 Minuten nach Zugabe des Mehls einen seidigen Schimmer annimmt und sich ganz kleine Bläschen zeigen, ist das Gelee fertig. Den Boden einer flachen Glasschüssel mit dem restlichen Orangenblütenwasser und 1 TL Wasser beträufeln und das Traubengelee hineingießen. Noch warm genießen oder im Kühlschrank lagern.
Für 2 Personen

SÜSS EINGELEGTE WALNÜSSE

Γλυκο καρυδακι

ZUTATEN

50 frische junge Walnüsse
1 Tasse Schlämmkreide (in Lebensmittelqualität; aus dem Onlineshop)
4 ½ Zitronen
2 kg Zucker
1 Zimtstange
1 EL Gewürznelken

Zum Schutz der Haut Küchenhandschuhen tragen. Die grüne Haut der Nüsse mit einem Sparschäler dünn abschälen. An der Spitze ein kleines Dreieck ausschneiden und die Walnüsse mit einem Spieß durch die Öffnung durchstechen. Die Nüsse in einer Schüssel mit Wasser bedecken und 7 Tage stehen lassen; das Wasser täglich wechseln. Am siebten Tag das Wasser erneut wechseln, die Schlämmkreide dazugeben und 4 Stunden ruhen lassen. Die Walnüsse sehr gründlich waschen und restlos von der Schlämmkreide befreien. Anschließend in einem großen Topf mit Wasser bedecken und 2 bis 3 Minuten aufkochen. Das Wasser abgießen, den Saft von 4 Zitronen hineinpressen, mit frischem Wasser auffüllen, sodass die Nüsse bedeckt sind, und 1 Stunde stehen lassen. Das Wasser erneut abgießen. In einem weiteren Topf den Zucker mit 4 Tassen (1 l) Wasser verrühren und erhitzen, bis sich der Zucker aufgelöst hat. Die Walnüsse hineingeben und die Mischung 7 Minuten kochen und aufschäumen lassen. Auf dem Herd abkühlen lassen und den Deckel auflegen. Die folgenden 3 Tage die Mischung täglich 10 Minuten aufkochen und anschließend auf dem Herd stehen lassen. Am dritten Tag die Zimtstange und die Nelken mit hineingeben und weiterkochen, bis die Lösung gesättigt ist (wenn der Zuckersirup leicht zähfließend vom Löffel tropft). Kurz bevor es so weit ist, den Saft der verbliebenen ½ Zitrone hineinpressen. Ist der Sättigungspunkt erreicht, den Herd ausschalten und die Walnüsse in ihrem Sirup vollständig abkühlen lassen. Anschließend in sterilisierte Gläser abfüllen.
Für 50 Walnüsse

APFELBAISERKUCHEN

ZUTATEN

Für die Füllung
6–7 Äpfel
½ Tasse (ca. 100 g) Zucker
2 EL frisch gepresster Zitronensaft
1 Stückchen Zimtstange
1 TL Butter

Für den Teig
½ Tasse Butter (raumtemperiert)
125 g Zucker
4 Eigelb (Eiweiß für das Baiser verwenden)
1 TL Vanilleextrakt
140 g Mehl
1 TL Backpulver
3 EL Sahne
Butter und Mehl für die Form

Für das Baiser
4 Eiweiß
½ TL frisch gepresster Zitronensaft
125 g Zucker
½ TL Vanilleextrakt
½ Tasse halbierte blanchierte Mandeln

Für die Füllung die Äpfel schälen, entkernen und in dünne Spalten schneiden. In einem großen Topf mit Zucker, Zitronensaft und Zimt bei mittlerer Hitze dünsten, bis sämtlicher Saft verkocht ist. Ab und zu umrühren, damit die Apfelspalten gleichmäßig mit dem Sirup überzogen werden. Sobald die Flüssigkeit verdampft ist, die Butter unterrühren und abkühlen lassen. Den Backofen auf 175 °C vorheizen. Für den Teig die Butter und den Zucker schaumig rühren. Einzeln nacheinander die Eigelbe einarbeiten und den Vanilleextrakt unterrühren. Das Mehl mit dem Backpulver mischen. Abwechselnd das Mehl und die Sahne unter den Eigelbschaum mischen; mit dem Mehl beginnen und abschließen. Zwei Springformen (à 24 cm Durchmesser) mit Butter einfetten und mit Mehl ausstäuben. Den Teig einfüllen und gleichmäßig verstreichen. Für das Baiser die Eiweiße mit dem Zitronensaft zu einem cremigen Schnee schlagen. Teelöffelweise den Zucker einarbeiten und den Schnee ganz steif schlagen; zuletzt den Vanilleextrakt unterschlagen. Die Baisermasse jeweils zur Hälfte auf dem Teig verstreichen, die Mandeln darauf verteilen und im Ofen auf der mittleren Schiene 45 Minuten goldbraun backen. Kurz abkühlen lassen und dann zum vollständigen Erkalten aus den Formen lösen. Die vorbereitete Apfelfüllung auf einem der Böden verteilen, den anderen daraufsetzen und sofort servieren.

MOSAIKKUCHEN

Δουκισσα

ZUTATEN

350 g Butterkekse
50 g grob gehackte geröstete Mandeln
2 große Eier
3 große Eiweiß
75 ml Milch
2 EL Weinbrand

350 g Butter
160 g Trinkschokolade
25 g Vollmilchschokolade
20 g Kakaopulver
¼ TL Vanillepulver

Eine Kastenform (30 × 10 × 7 cm) mit Backpapier auslegen. Die Kekse in kleine Stücke brechen und mit den gerösteten Mandeln vermischen. In einer weiteren Schüssel die Eier und die Eiweiße, die Milch und den Weinbrand gleichmäßig verquirlen. Die Butter in einer hitzebeständigen Schüssel im heißen Wasserbad schmelzen. Die Trinkschokolade, die Vollmilchschokolade, den Kakao und das Vanillepulver dazugeben und die Masse glatt rühren. Die Eiermilch dazugießen und ständig umrühren, damit das Ei nicht gerinnt. Auf diese Weise die Masse im heißen Wasserbad etwa 2 Minuten aufschlagen, bis das Ei leicht gebunden hat – darauf achten, dass es nicht ausflockt. Die Schokomischung über die Kekse und Mandeln in die Schüssel gießen, sodass sie gleichmäßig überzogen sind. Die Masse in die vorbereitete Form füllen und sanft hineindrücken, damit die Oberfläche nach dem Stürzen eben ist. Mit Frischhaltefolie zudecken und mindestens 5 Stunden im Kühlschrank fest werden lassen. Den Kuchen auf eine Platte stürzen und servieren.

SCHOKOLADEN-GRANATAPFEL-KUCHEN

ZUTATEN

Für den Teig
⅓ Tasse (ca. 80 ml) kalter zyprischer Kaffee (ersatzweise normaler Kaffee)
½ Tasse (ca. 125 g) griechischer Joghurt
1 EL Weinbrand
115 g Butter
¾ Tasse (ca. 150 g) Zucker
2 große Eier (raumtemperiert)
1 ¼ Tassen (ca. 150 g) Mehl
¼ TL Vanillepulver
½ Tasse Kakaopulver
1 TL Backnatron
1 TL Backpulver
Salz

Für die Glasur
2–3 EL frischer Granatapfelsaft
1 TL Milch
1 Tasse Puderzucker

Außerdem
Butter und Mehl für die Form

Eine Kranz- oder Gugelhupfform (etwa 22 cm Durchmesser) mit Butter einfetten und mit Mehl ausstäuben. Den Backofen auf 170 °C vorheizen. Für den Teig in einer kleinen Schüssel den Kaffee mit dem Joghurt und dem Weinbrand verrühren. Die Butter und den Zucker schaumig schlagen und die Eier einzeln nacheinander einarbeiten. In einer weiteren Schüssel Mehl, Vanillepulver, Kakao, Backnatron, Backpulver und 1 Prise Salz vermengen. Abwechselnd portionsweise die trockenen Zutaten und die Joghurtmischung unter die Buttercreme ziehen; mit den trockenen Zutaten beginnen und abschließen. Den Teig in die vorbereitete Form füllen und im Ofen auf der mittleren Schiene 30 bis 35 Minuten backen. Die Stäbchenprobe machen: Wenn an einem hineingestochenen Holzstäbchen kein Teig mehr kleben bleibt, ist der Kuchen fertig. Aus dem Ofen nehmen, nach 10 Minuten aus der Form lösen und vor dem Glasieren vollständig abkühlen lassen. Für die Glasur den Granatapfelsaft und die Milch mit dem Puderzucker verrühren, bis die Mischung die gewünschte Konsistenz hat; sonst noch etwas mehr Milch unterrühren. Den Kuchen mit der Glasur überziehen und servieren.

WEIHNACHTSGEBÄCK

Κουραμπιεδες

ZUTATEN

1 Tasse Butter
½ Tasse Puderzucker, plus Puderzucker zum Bestäuben
1 Eigelb
1 EL Weinbrand
¼ TL Vanillepulver
1 Tasse blanchierte grob gehackte und geröstete Mandeln
360 g Mehl

Den Backofen auf 175 °C vorheizen. Die Butter und den Puderzucker mit dem Handrührgerät 10 Minuten schlagen, bis die Masse hellgelb und schaumig ist. Das Eigelb gründlich unterrühren. Den Weinbrand und das Vanillepulver hinzufügen und weitere etwa 5 Minuten rühren, bis alles gleichmäßig vermischt ist. Die Mandeln untermischen. Von Hand nach und nach in kleinen Portionen das Mehl einarbeiten, bis der Teig zusammenhält und nicht mehr klebt. Evtl. benötigen Sie nicht sämtliches Mehl. Den Teig mit dem Nudelholz 1 cm dünn ausrollen und mit einem Ausstecher Plätzchen ausstechen. Die Plätzchen auf ein Backblech legen und im Ofen auf der mittleren Schiene 20 bis 22 Minuten backen, bis sie leicht gebräunt sind. Aus dem Ofen nehmen, vollständig abkühlen lassen und anschließend großzügig mit Puderzucker bestäuben.

Ergibt etwa 25 Stück

NEUJAHRSKUCHEN (ORANGENKUCHEN MIT WEINBRAND)

Βασιλοπιτα

ZUTATEN

Butter für die Form
¾ Tasse Butter
2 Tassen (ca. 400 g) Zucker
6 Eier
3 ½ EL Weinbrand
1 TL Vanilleextrakt
1 ½ EL abgeriebene Bio-Orangenschale
½ EL abgeriebene Bio-Zitronenschale
3 TL Backpulver
3 Tassen (ca. 360 g) Mehl
1 Tasse (¼ l) Orangensaft

Den Backofen auf 175 °C vorheizen. Eine Springform (25 cm Durchmesser) mit Butter einfetten und mit Backpapier auslegen. Die Butter und den Zucker mit dem Handrührgerät etwa 10 Minuten schaumig schlagen. Einzeln die Eier hineinschlagen und jedes Ei gründlich einarbeiten. Den Weinbrand und die Vanille unterrühren, dann die Orangen- und die Zitronenschale dazugeben. Keine Sorge, wenn der Teig in dieser Phase ausflockt. Das Backpulver unter das Mehl mischen. Abwechselnd das Mehl und den Orangensaft in kleinen Portionen unter den Eierschaum rühren; mit dem Mehl beginnen und abschließen. Den Teig in die vorbereitete Form füllen. Wer eine Münze einbacken möchte, sollte diese fest in hitzebeständige Frischhaltefolie einwickeln und in den Teig stecken. Den Kuchen im Ofen auf der mittleren Schiene etwa 60 Minuten backen. Die Stäbchenprobe machen: Wenn an einem hineingestochenen Holzstäbchen kein Teig mehr kleben bleibt, ist der Kuchen fertig. Aus dem Ofen nehmen, nach 10 Minuten aus der Form lösen und auf einem Gitter abkühlen lassen. Nach Belieben mit Puderzucker bestäuben.

SCHOKOLADEN-ERDBEER-TARTE

ZUTATEN

Für den Boden
2 Tassen fein zermahlene Schokoladenkekse
¼ Tasse zerlassene Butter

Für die Füllung
285 g gute Halbbitterschokolade
1 ¼ Tassen (325 g) Sahne
1 EL weiche Butter
2 EL Weinbrand

Für die Garnitur
5–8 frische Erdbeeren
¼ Tasse Heidelbeeren
Puderzucker zum Bestäuben

Den Backofen auf 190 °C vorheizen. Für den Boden die Kekskrümel mit der zerlassenen Butter mischen. Den Boden und den Rand einer geriffelten Tarteform (20 cm Durchmesser) mit Hebeboden mit der Masse auskleiden und im Ofen auf der mittleren Schiene 10 bis 12 Minuten backen. Den Boden vollständig auskühlen lassen. Für die Füllung die Schokolade klein hacken und in eine große Glasschüssel geben. Die Sahne in einem kleinen Topf kurz zum Sieden bringen, über die Schokolade gießen und mit einem Spatel behutsam umrühren, bis sich die Schokolade vollständig aufgelöst hat. Die Butter und den Weinbrand unterrühren. Die Masse auf den ausgekühlten Tarteboden gießen. Die Tarte 5 Stunden im Kühlschrank fest werden lassen. Die Erdbeeren putzen, waschen, nach Belieben halbieren oder in Scheiben schneiden. Die Heidelbeeren verlesen, waschen und trocken tupfen. Die Schokoladentarte mit den Erdbeeren, den Heidelbeeren und nach Belieben mit weiteren Beeren und Essblüten garnieren und mit Puderzucker bestäubt servieren.

GRANATAPFEL-BAISER-TORTE

ZUTATEN

Für das Baiser
1 Tasse (ca. 200 g) extrafeiner Zucker
¼ TL Vanillepulver
1 TL Maisstärke
4 Eiweiß
Salz
1 TL Weißweinessig

Für den Sirup
1 Tasse frischer Granatapfelsaft
½ Tasse (ca. 100 g) Zucker
½ TL frisch gepresster Zitronensaft

Für die Garnitur
325 g Sahne
1 EL Puderzucker
Vanillepulver
frische Granatapfelkerne

Den Backofen auf 110 °C vorheizen. Ein Backblech mit Backpapier belegen. Für das Baiser in einer kleinen Schüssel den Zucker, das Vanillepulver und die Maisstärke mischen. In einer weiteren Schüssel die Eiweiße mit 1 Prise Salz etwa 2 Minuten schaumig schlagen. Den Essig dazugeben und zu halbfestem Schnee schlagen. Nun esslöffelweise den Zucker hinzufügen und den Eischnee weiterschlagen, bis er sehr fest ist und glänzt. Die Baisermasse mit einem Spatel auf dem Blech zu einem großen runden Boden ausbreiten und im Ofen auf der mittleren Schiene 1½ Stunden backen. Die Ofentür zwischendurch nicht öffnen. Anschließend den Ofen ausschalten, die Tür einen Spalt breit öffnen und das Baiser darin langsam abkühlen lassen. Für den Sirup in einem kleinen Topf den Granatapfelsaft, den Zucker und den Zitronensaft aufkochen und unter Rühren auf die Hälfte reduzieren, bis ein sämiger Sirup entstanden ist. Für die Garnitur die Sahne mit dem Puderzucker und dem Vanillepulver steif schlagen. Den Baiserboden mit der Schlagsahne bestreichen, mit frischen Granatapfelkernen garnieren und mit etwas Sirup beträufeln. Sofort servieren.

PFLAUMENTARTE MIT ROSENWASSER

ZUTATEN

Für den Teig
1 großes Eigelb
1 ½ Tassen (ca. 180 g) Mehl
¼ TL Vanillepulver
2 EL gemahlene Mandeln
⅓ Tasse (ca. 70 g) Zucker
¼ TL Salz
70 g eiskalte Butter
2 ½ EL ungehärtetes Pflanzenfett

Für die Füllung
70 g gemahlene Pistazien
70 g gemahlene Mandeln
1 Ei
1 TL Rosenwasser
30 g zerlassene Butter
2 EL Weinbrand
2 rote entsteinte Pflaumen (in dünnen Scheiben)

Außerdem
Mehl für die Arbeitsfläche
Hülsenfrüchte zum Blindbacken
Rosenkonfitüre

Für den Teig das Eigelb in einer Schüssel mit 2 EL kaltem Wasser aufschlagen. Sämtliche trockenen Zutaten in einer Schüssel verrühren und mit den Fingern die Butter und das Fett in die Mischung reiben und zu Bröseln verarbeiten. Langsam das Eigelb dazugießen und mit den Fingern einarbeiten, bis ein glatter Teig entsteht. Den Teig auf der bemehlten Arbeitsfläche zu einer Kugel formen, dann flach drücken, in Frischhaltefolie einwickeln und 1 Stunde in den Kühlschrank legen. Den Backofen auf 190 °C vorheizen. Den Teig etwa 5 mm dünn zu einem Kreis ausrollen. Den Boden einer Tarteform mit Hebeboden (23 cm Durchmesser) damit auslegen und vor dem Backen 20 Minuten in das Tiefkühlfach stellen. Den Boden mit Backpapier belegen, Hülsenfrüchte einfüllen und im Ofen auf der mittleren Schiene 20 Minuten blindbacken. Hülsenfrüchte und Papier entfernen und den Boden weitere 5 Minuten backen. Abkühlen lassen. Für die Füllung sämtliche Zutaten, bis auf die Pflaumen, mischen und auf dem Teigboden verteilen. Die Pflaumen darauf verteilen, jedoch nicht überlappen lassen, und die Tarte auf der mittleren Schiene bei 190 °C weitere 30 Minuten backen. Anschließend die Temperatur auf 160 °C reduzieren und die Tarte 15 Minuten weiterbacken. Wird sie zu schnell braun, mit Alufolie zudecken. Herausnehmen und abkühlen lassen. Die Konfitüre leicht erhitzen und die Tarte damit glasieren.

JOHANNISBROTKUCHEN

ZUTATEN

Butter und Mehl für die Form
½ Tasse (125 ml) Johannisbrotsirup
1 Tasse Kokosöl
1 Tasse (¼ l) Orangensaft
1 Tasse (ca. 200 g) Zucker
3 ½ Tassen (415 g) Mehl
3 TL Backpulver
1 TL Backnatron
Vanillepulver
60 g gehackte und geröstete Walnüsse
Puderzucker zum Bestäuben (nach Belieben)

Ein rechteckiges Backblech (31 × 23 × 5 cm) einfetten und mit Mehl ausstäuben. Den Backofen auf 160 °C vorheizen. Den Johannisbrotsirup mit ½ Tasse (125 ml) Wasser verrühren. In einer großen Schüssel das Öl, den Orangensaft, das Johannisbrotwasser und den Zucker verrühren, bis sich der Zucker aufgelöst hat. In einer weiteren Schüssel Mehl, Backpulver, Backnatron und 1 Prise Vanillepulver mischen. Nach und nach die trockenen Zutaten gleichmäßig unter die feuchten rühren. Sobald sie eingearbeitet sind, die Walnüsse unterziehen. Den Teig gleichmäßig auf dem Blech verteilen und im Ofen auf der mittleren Schiene 35 Minuten backen. Die Stäbchenprobe machen: Wenn an einem hineingestochenen Holzstäbchen kein Teig mehr kleben bleibt, ist der Kuchen fertig. Den Kuchen abkühlen lassen und vor dem Servieren nach Belieben mit Puderzucker bestäuben.

REISPUDDING MIT ROSENGERANIEN

Ριζογαλο

ZUTATEN

¾ Tasse Rundkornreis
4 Tassen (1 l) Milch
¼ Tasse (50 g) Zucker
1 Zimtstange
5 Blütenblätter von der Rosengeranie
2 Streifen Bio-Orangenschale (à 2 × 6 cm)
1 ½ EL Maisstärke
Zimtpulver
gehackte Pistazien
Honig

Den Reis in 1 ½ Tassen (375 ml) Wasser kochen, bis er das Wasser vollständig aufgenommen hat. In einem weiteren Topf die Milch mit dem Zucker, dem Zimt, den Blütenblättern und der Orangenschale langsam aufkochen. Sobald die Mischung siedet, die Blütenblätter herausnehmen, den Reis einrühren und weitere 10 Minuten köcheln lassen. Die Maisstärke in 2 EL Wasser auflösen, unter den Reispudding rühren und noch einmal 2 Minuten aufkochen. Zimtstange und Orangenschale entfernen und den Pudding in kleine Schalen füllen. Mit Frischhaltefolie zudecken, abkühlen lassen und anschließend mindestens 5 Stunden in den Kühlschrank stellen, bis der Reispudding fest ist. Mit Zimt, Pistazien und Honig servieren.

Für 6 bis 8 Personen

APRIKOSENSCHNITTCHEN

Παστα φλωρα

ZUTATEN

¾ Tasse (ca. 150 g) Zucker
1 Tasse Butter
4 Eigelb
1 TL frisch gepresster Zitronensaft
1 Prise Backnatron
2 EL Weinbrand
1 TL Vanilleextrakt
3 ½ Tassen (ca. 420 g) Mehl
1 TL Backpulver
375 ml Aprikosenkonfitüre
geröstete Mandelstifte (nach Belieben)

Den Backofen auf 180 °C vorheizen. Den Zucker und die Butter schaumig rühren. Einzeln nacheinander die Eigelbe einarbeiten. Den Zitronensaft mit dem Backnatron verrühren. Den Weinbrand und die Vanille unterrühren. Von Hand das Mehl und das Backpulver einarbeiten und alles zu einem glatten, weichen Teig vermengen. Den Teig halbieren, mit der einen Hälfte den Boden eines Backblechs (38 × 25 cm) belegen und mit der Konfitüre bestreichen. Aus einem Teil des restlichen Teigs einen langen Strang rollen und den bestrichenen Teigboden rundherum am Rand des Backblechs damit umschließen. Weitere Teigstränge rollen und auf der Konfitüre diagonal zu einem Karomuster arrangieren. Nach Belieben in jedes Karo ein paar kleine geröstete Mandelstifte legen. Den Kuchen im Ofen auf der mittleren Schiene 35 bis 40 Minuten backen, bis der Teig goldbraun ist. Aus dem Ofen nehmen, abkühlen lassen und anschließend in mundgerechte Quadrate schneiden.

Ergibt 50 bis 54 Stück

HONIG-NUSS-PLÄTZCHEN

Μελομακαρονα

ZUTATEN

Für den Teig
1½ Tassen (375 ml) Öl
⅓ Tasse (80 ml) Orangensaft
2 TL abgeriebene Bio-Orangenschale
⅓ Tasse Puderzucker
1 TL Zimtpulver
¼ TL geriebene Muskatnuss
¼ TL Nelkenpulver
¾ TL Backpulver
¾ TL Backnatron
¼ TL Salz
¾ Tasse blanchierte, gemahlene und geröstete Mandeln
3 Tassen (ca. 360 g) Mehl

Für den Sirup
1 Tasse (ca. 200 g) Zucker
1 EL frisch gepresster Zitronensaft
1 Zimtstange
3 Gewürznelken
1 Streifen Bio-Orangenschale (2 × 10 cm)
½ Tasse Honig

Außerdem
je 1 Tasse gehackte geröstete Mandeln und Walnüsse

Den Backofen auf 175 °C vorheizen. Für den Teig sämtliche Zutaten, bis auf das Mehl, mit dem Handrührgerät verrühren. Anschließend langsam das Mehl untermischen, bis die Masse dick wird. In der letzten Phase mit den Händen arbeiten. Der Teig ist fertig, wenn er nicht mehr klebt. Den Teig zu ovalen Plätzchen formen, auf ein Backblech legen und im Ofen auf der mittleren Schiene 23 bis 25 Minuten backen. Herausnehmen und vollständig abkühlen lassen. Inzwischen für den Sirup sämtliche Zutaten, bis auf den Honig, in einem Topf aufkochen. Den Honig unterrühren und erneut aufkochen. Die Hitze reduzieren, sodass der Sirup nur noch leicht köchelt. Immer nur wenige Plätzchen auf einmal hineintauchen, nach 10 Sekunden wieder herausheben und auf Backpapier legen. Mit den Mandeln und Walnüssen bestreuen.

Ergibt 30 bis 40 Stück

ZYPERNS MÄRKTE

Was ich an Zypern besonders liebe, ist das selbst angebaute Obst und Gemüse. Oft stehe ich in aller Frühe auf und mache mich auf den Weg zum Markt, um dies und das einzukaufen. Ein Marktbesuch auf Zypern ist ein echtes Erlebnis. Die Märkte sind nicht sonderlich pittoresk oder beschaulich. Oft sind sie chaotisch, die Stände behelfsmäßig und improvisiert. Es geht laut und geschäftig zu, dazu ist es oft brütend heiß. Meist herrscht großes Gedränge unter den Einkäufern, die nach den besten Produkten zum günstigsten Preis suchen. Ich liebe das bunte Treiben. Für mich ist der Markt immer noch die beste Adresse, um frisches Obst und Gemüse preiswert einzukaufen. Doch bieten die Märkte auch eine große Auswahl anderer traditioneller Erzeugnisse wie Halloumi, Nüsse, Eier und frisches Brot.

Seltsamerweise sind die einst sehr geschäftigen Markthallen im Stadtzentrum nicht mehr so gut besucht wie früher einmal, auch das Angebot ist kleiner geworden, obwohl die Gebäude selbst sehr schön sind und das Einkaufen weitaus entspannter ist. Stattdessen sind die lokalen Märkte zahlreicher geworden und werden stärker frequentiert, allerdings muss man erst einmal wissen, wo sie wann stattfinden. Da es mir selbst wichtig ist und es nicht ganz einfach war, Näheres über diese Märkte herauszufinden, habe ich ein paar Informationen zusammengetragen (Stand: August 2016), falls Sie mal Lust verspüren, einen dieser Märkte zu besuchen. Bitte beachten Sie, dass Zeit und Ort gelegentlich abweichen können, doch ich hoffe, die Infos genügen zumindest mal für den Anfang, wenn Sie sich auf eine Erkundungstour zu den Märkten begeben wollen.

Tipps

Man sollte unbedingt zeitig auf den Markt gehen, die besten Produkte werden frühmorgens verkauft, außerdem wird es im Sommer nach 10 Uhr unerträglich heiß. Scheuen Sie sich nicht, Produkte zu vergleichen, man findet auf ein und demselben Markt unterschiedliche Qualitäten zu verschiedenen Preisen. Und fragen Sie ruhig, woher ein Produkt stammt und wie alt es ist, gewöhnlich gewähren die Händler sogar eine kleine Kostprobe – nur keine Scheu! Bei einem umfangreicheren Einkauf sollte man bedenken, dass die Ware lediglich in Plastiktüten verpackt wird, also muss man zwischendurch eventuell mal eine Ladung zum Auto bringen. Und bringen Sie ausreichend Bargeld mit, Kreditkarten werden nicht akzeptiert.

Das alles vorausgeschickt, ist hier die Liste meiner drei Lieblingsmärkte auf Zypern. Sie ist natürlich nicht vollständig, sondern verzeichnet nur die Märkte, auf die ich selbst ganz besonders gern gehe.

LIMASSOL

BIOERZEUGERMARKT

Ovidiou-Straße, Ayia Fyla, Limassol. Jeden Samstag von 9 bis 13 Uhr. Angebot: Obst, Gemüse, frische Eier, Kaninchen, Bio-Käse, Milch, hausgemachte Tomatensauce. Der einzige zertifizierte Bioerzeugermarkt auf Zypern, den ich kenne und liebe. Die Tomaten sind herausragend. Die liebenswürdige Chrystalla bietet Besuchern gern eine kostenlose Kostprobe ihrer Backwaren. Gehen Sie früh hin, der Markt ist ziemlich beliebt.

KATO-POLEMIDIA-MARKT

Aigisthou-Straße, Kato Polemidia. Jeden Mittwoch und Sonntag von 7:30 bis 13 Uhr. Angebot: Obst, Gemüse, Blumen, traditionelles Brot, getrocknete Fleisch- und Wurstwaren, Hülsenfrüchte, Süßigkeiten. Zwar ist der Markt keine Schönheit, doch er wird von den Einheimischen gut besucht. Er bietet sehr frische Erzeugnisse zum günstigen Preis. Es gibt einen improvisierten Kaffeestand und die Händler sind ausgesprochen freundlich. Schauen Sie nach frisch gebackenem Brot, es schmeckt vorzüglich!

NIKOSIA

BAUERNMARKT AM OXI-PLATZ

Oxi-Platz, Konstantinou-Paleologou-Straße, Nikosia. Jeden Mittwoch und Samstag von 6 bis 13 Uhr. Angebot: Obst, Gemüse, traditionelle Fleisch- und Wurstwaren, Hülsenfrüchte, Oliven, Blumen, zyprische Brotspezialitäten. Ein unübersichtlicher Stadtmarkt mit einer besonders großen Auswahl an Obst, Gemüse, Nüssen, Käse, Pflanzen und vielem mehr. Hier bekomme ich oft saisonale Produkte, die ich in den großen Lebensmittelgeschäften vergeblich suche.

DANKSAGUNG

An meinen Vater, der all das möglich gemacht hat.

An meine Mutter, die beste Köchin, die ich kenne. Dieses Buch ist genauso dein Werk wie das meine.

An meine Tanten Evri, Kalo, Maroulla und Myra, ohne deren Liebe ich nicht wüsste, was ich all die Jahre gemacht hätte. Danke, dass ihr schließlich nachgegeben und mich eure „Tassen" habt benutzen lassen. Ich hoffe, ich bin euren traditionellen Rezepten zur Bewahrung gerecht geworden.

An meine Schwester Stephanie.

An meine lieben Freunde und meine Familie, die an mich geglaubt haben und mich mit ihrem Ansporn, ihrer Hilfe und ihrem Rat unterstützt haben, selbst als es den Blog noch nicht gab, allen voran: Alexis Kallis, Amelie Pavlou Michaelides, Arthur Marriott QC, Athos Kasinos, Ben Rusch, David Lewis, Elena Ivanova, Eleni Kasapi, Fiona Taylor, Haruka Sakaguchi, Ilias Koumbaris, Kim Wheddon, Marilou Christodoulides, Nicolas Iordanou, Nona Kallis, Paola Papacosta, Rachel Chyrsostom, Rachel Lewis, Ravneeta Roy, Dr. Savvas Frangos, Tammy Loucas, Terri Zakus, Thia Maroulla, Tina Petropolous, Onkel Gabriel und Onkel John.

An Alexandra Phylaktis.

An Dr. Cacilia D'Felice, die mir Hoffnung gab und mir half, meine Stimme wiederzufinden.

An Petros, der alles isst, was ich ihm vorsetze, sich nie beklagt, wenn ich eine weitere ausrangierte Holztür mit nach Hause bringe, und der mich liebt, wie ich bin.

An Ernie, den Mops, der den Küchenboden säubert, sodass ich es nicht tun muss.

An Benedetta Tosi und Emanuele Tosi für ihre Bereitschaft, das Buch zu verlegen und dafür, dass es Wirklichkeit wurde. Und an Mara Pellegrini dafür, dass sie meinen Blog überhaupt gelesen hat.

An alle, die meinen Blog verfolgen und mich mit ihren freundlichen Worten unterstützt haben. Vielen, vielen Dank. Ohne euch würde dieses Buch nicht existieren.

REZEPTREGISTER

GETRÄNKE

BROT, PASTETEN & CO.

SUPPEN, SALATE & KLEINE GERICHTE

Rezept zum Coverbild

ZYPRISCHER PLATTERBSENSALAT MIT SÜSSER VINAIGRETTE

ZUTATEN

½ Tasse kleine grüne Linsen (gewaschen und abgespült)
½ fein gehackte Schalotte
½ Granny-Smith-Apfel (entkernt und fein gewürfelt)
1 TL Ahornsirup
1 TL grobkörniger Senf
1 ½ TL Apfelessig
¼ Tasse (60 ml) Olivenöl
Meersalz
Pfeffer aus der Mühle
1 Tasse zyprische Platterbsenblätter (*louvana*; ersatzweise andere bittere Salatblätter; ich nehme eine Kombination aus zarten Spitzen und großen, etwas bitteren Blättern)
1 EL zerbröckelter Blauschimmelkäse
5 gelbe halbierte Cocktailtomaten
¼ Tasse frische Platterbsen
1 Scheibe Prosciutto (nach Belieben)

In einem kleinen Topf ausreichend Wasser zum Kochen bringen. Die Linsen hineingeben und etwa 15 Minuten bissfest köcheln lassen. Die Linsen in ein Sieb abgießen, mit kaltem Wasser abspülen und beiseitestellen. In einer kleinen Schüssel Schalotte, Apfel, Ahornsirup, Senf, Essig, Olivenöl, Meersalz und Pfeffer zu einer Vinaigrette mischen. Die zyprischen Platterbsenblätter *(louvana)* auf einer Platte anrichten. Linsen, Käse, Tomaten und Erbsen mischen und nach Belieben mit dem Prosciutto auf die *louvana*-Blätter geben. Den Salat erst kurz vor dem Servieren mit der Vinaigrette beträufeln, da die Platterbsenblätter schnell welk werden. Evtl. wird nicht die ganze Menge der Vinaigrette benötigt.

Ergibt 2 Portionen

UMRECHNUNGSTABELLE

VOLUMEN (FESTE ZUTATEN)

AMERIKANISCHER STANDARD	IN (MILLI-)LITERN
⅛ TL	0,5 ml
¼ TL	1 ml
½ TL	2 ml
¾ TL	4 ml
1 TL	5 ml
1 EL	15 ml
¼ Tasse	59 ml
⅓ Tasse	79 ml
½ Tasse	118 ml
⅔ Tasse	158 ml
¾ Tasse	177 ml
1 Tasse	225 ml
2 Tassen	450 ml
3 Tassen	675 ml
4 Tassen	1 l

VOLUMEN (FLÜSSIGKEITEN)

AMERIKANISCHER STANDARD		IN (MILLI-) LITERN
2 EL	1 fl. oz.	30 ml
¼ Tasse	2 fl. oz.	60 ml
½ Tasse	4 fl. oz.	125 ml
1 Tasse	8 fl. oz.	250 ml
1 ½ Tassen	12 fl. oz.	375 ml
2 Tassen	16 fl. oz.	500 ml
4 Tassen	32 fl. oz.	1 l

GEWICHT

AMERIKANISCHER STANDARD	IN GRAMM
½ oz.	15 g
1 oz.	30 g
3 oz.	85 g
3.75 oz.	100 g
4 oz.	115 g
8 oz.	225 g
12 oz.	340 g
16 oz. / 1 pound	450 g

EINHEITEN-ENTSPRECHUNGEN

3 TL	1 EL	½ fl. oz.	15 ml
2 EL	⅛ Tasse	1 fl. oz.	30 ml
4 EL	¼ Tasse	2 fl. oz.	60 ml
5 ⅓ EL	⅓ Tasse	2.6 fl. oz.	79 ml
8 EL	½ Tasse	4 fl. oz.	125 ml
12 EL	¾ Tasse	6 fl. oz.	177 ml
32 EL	2 Tassen	16 fl. oz.	500 ml